¡Padres, atreveos a decir «No»!

Dr. Patrick Delaroche

¡PADRES, ATREVEOS A DECIR «NO»!

De Vecchi

Colección dirigida por Mahaut-Mathilde Nobécourt.

Traducción de Nieves Nueno Cobas.
Ilustración de la cubierta de Jesús Gracia Sánchez.
Título original: Parents, osez dire non !

© Éditions Albin Michel, S. A. - París 1996
© Editorial De Vecchi, S. A. U. 2006
Balmes, 114. 08008 BARCELONA
Depósito Legal: B. 8.437-2006
ISBN: 84-315-3365-X

Índice

Introducción

El niño necesita límites para construir su personalidad. Parece evidente y, sin embargo, los clínicos observamos cada vez más las dificultades que tienen los padres para oponerse a los hijos. Los hijos no quieren ni pueden reclamar castigos: es una reacción muy humana. No obstante, muestran esta carencia educativa a través de todo tipo de manifestaciones. Algunas resultan claras para todo el mundo, salvo, en ocasiones, para los propios padres; me refiero a las provocaciones de todo tipo. Otras no lo son tanto, y al clínico le corresponde descifrarlas; hablo de todas las agitaciones y de trastornos del comportamiento más graves.

En este libro el lector hallará numerosos ejemplos que le permitirán formarse una opinión. Y es que este debate sobre la educación se ha convertido en un debate de opinión. Sin embargo, hay que decir con toda claridad que la educación no es, o no debería ser, un asunto político. La autoridad de los padres no es de derechas ni de izquierdas, y la familia no es una cuestión de (pseudo)democracia. Mi opinión se ha forjado gracias a la clínica, o sea, el estudio más objetivo posible de los comportamientos, de las palabras que les sirven de base y, sobre todo, de su evolución, gracias a una perspectiva de más de veinticinco años.

Los progenitores de hoy intentan conciliar la vida moderna con las obligaciones familiares. Están abiertos a la evolución de la sociedad: los padres son cada vez menos machistas, las madres temen los poderes que se les prestan. Se trata de un avance indiscutible, pero ello acarrea a veces para el niño una pérdida de referencias, ya que él es bastante «retro». Es cierto que los niños poseen un inmenso poder de adaptación y son capaces de amoldarse a todas las situaciones, pero el niño necesita infancia; por otra parte, una excesiva madurez puede encubrir una carencia afectiva. Necesita unos padres que ocupen su lugar como padres. Ese lugar no es intercambiable, y es lo que tratará de expresar este libro. El padre no es una madre bis. Los padres suelen ser conscientes de ello, pero si bien el estilo de vida actual conduce a un igualamiento de los *roles*, deben mantener la diferencia de *funciones*, aunque estas funciones ya no se confundan con el sexo. Si son necesarias dos personas para la procreación de un hijo, también son necesarias dos personas para educarlo. Pero dos personas *completas* que se tengan en cuenta una a otra, y que respeten una jerarquía formal para ayudar al niño a situarse con respecto a ellas.

I

¿Por qué prohibir?

El título de este primer capítulo es voluntariamente provocador. Ante todo, porque es una pregunta que nadie se plantea, ya que su respuesta parece evidente aunque difícil de formular. Trate usted de recordar las respuestas que les ha dado a sus hijos. Y es que todos los niños hacen esta pregunta... y la olvidan cuando crecen, a partir del momento en que tienen un hermano o una hermana menor a quien dicen a su vez:

—¡Está prohibido!

—Pero ¿por qué? —pregunta entonces el pequeño o la pequeña.

—¡Porque papá (mamá) lo ha dicho!

No debemos reírnos. Esta respuesta es tal vez más sincera que la que consiste en decir: «Es así» o también «¡Porque sí!». Sencillamente, porque siempre se prohíbe en nombre de alguien, en nombre de un ideal o en nombre de unos principios, y porque uno mismo no siente ningún deseo de hacerlo. Entramos así en el meollo de esta pregunta formulada por los niños y que por nuestra parte debemos analizar.

13

La prohibición tiene mala prensa

La prohibición tiene mala prensa, seguramente porque en ese concepto se mezcla todo: la prohibición, la represión, el castigo, la frustración y, por qué no, los malos tratos. Hubo incluso un periodo de corta duración durante el cual el lema era: «Prohibido prohibir». El lema fracasó, ya que la prohibición es necesaria; en cuanto se debilita la echamos de menos, aunque no siempre sabemos por qué.

Así pues, tomemos el problema desde otro punto de vista. Podríamos soñar con una vida sin prohibiciones, es decir, sin que fuese necesario *formular* la prohibición. Está permitido imaginar una familia ideal en la que todo sucede de forma armoniosa sin conflictos estúpidos: el padre sería padre porque está ahí, o sencillamente porque existe y pronto volverá a casa. La madre se refiere a él sin tener que levantar la voz. Los niños no tienen que reclamar, ya que tendrán lo que deseen enseguida. Por otra parte, trabajan bien en clase porque tienen ansias de saber. Los abuelos completan esta armonía familiar. Son discretos, pero están presentes cuando hacen falta. Jamás se entrometen en ningún aspecto de la educación de sus nietos, que dejan sensatamente a la sagacidad de los padres, es decir, sus hijos. Por supuesto, ni se les ocurriría mostrar preferencia alguna por ninguno de los nietos ni denigrar a la familia política, a la que aprecian. Por último, los padres se entienden a la perfección sobre la educación de sus hijos. Apenas necesitan hablarse puesto que tratan de adelantarse al deseo del otro acerca de su prole. Pero no existe prerrogativa vinculada al sexo. *Por supues-*

to, todos se adaptan al deseo del padre, explícito o no. En este mundo idílico, la prohibición no necesita ser formulada (además, si se empieza a hablar de ella no se sabe hasta dónde se puede llegar), ni las preguntas triviales de verdad que se pueden plantear, como por ejemplo «¿Quién manda?». Por otro lado, como decía al principio, los niños dejan muy pronto de hacerse este tipo de preguntas.

Eso sí, si bien ya no plantean estas preguntas de forma directa, las plantean de todos modos *a su pesar.* ¿Cómo? Ante todo convendría retorcerle el pescuezo de una vez por todas a ese sentimiento de culpabilidad de los padres. Yo digo en muchas ocasiones que si los padres fuesen responsables de los males de sus hijos podrían ponerles fin de inmediato. Si existe responsabilidad, es la de actuar en conciencia cuando es necesario. Por otra parte, lo dicen todos los psicólogos. Cuando los padres preguntan cómo deben comportarse con sus hijos, estos les responden: «¡Sean siempre ustedes mismos!», aunque eso no quiere decir que la pregunta «¿Por qué prohibir?» no sea una pregunta infantil que todo adulto tiene también derecho a plantearse. Podemos esbozar varias respuestas.

En primer lugar, la prohibición parece ser una verdadera necesidad en el ser humano en general y en el niño en particular. Pero, sobre todo, algunas personas están obligadas a formular prohibiciones. Este papel resulta ingrato pero vital, y sus hijos se lo agradecerán. Ese es precisamente el origen de la deuda que contraen con usted. Este libro tratará de mostrarle por qué.

Pero volvemos a plantear la pregunta: ¿qué es lo que permite afirmar que la prohibición es necesaria o, mejor dicho, indispensable para el niño? Pues bien, es que su ausencia se deja sentir a través de todo tipo de malestares sumamente variados, de importancia desigual, de gravedad sumamente contingente; tanto si se trata de problemas disciplinarios evidentes en general como, al contrario, de malestares subjetivos, o de trastornos del comportamiento, e incluso a veces de verdaderas enfermedades. Todas estas reacciones ante la ausencia de autoridad de los padres se conocen desde siempre y son reversibles, a condición de tomar conciencia de ellas. Por supuesto, a veces resulta difícil, aunque también imprescindible cuando el niño o el adolescente le exige reaccionar y usted se pregunta cómo.

Se pasa así de la *prohibición* a la *autoridad* y todo el problema está ahí. La prohibición se verbaliza, la autoridad es natural. Pero no hay autoridad sin verbalización, aunque sea mínima. Y la falta de autoridad, que se manifiesta a veces a través del autoritarismo, requiere un acto a veces imprescindible. Los padres que se sienten superados *no saben* que lo que les falta es la autoridad; ¡incluso creen en muchos casos que es al contrario! Sea como fuere, la falta de prohibición se manifiesta a través de unas dificultades muy conocidas. Vamos a ver algunos ejemplos.

Los matones del parvulario

El parvulario es una de las primeras ocasiones de vivir en sociedad fuera de la familia, ¡y ya se afirman los caracteres! ¡Algunos llevan la batuta!

Sergio tiene 5 años, está en párvulos y sus padres son convocados por la maestra. En efecto, le ha tirado una silla después de una reprimenda. No soporta la menor contrariedad. Sin embargo, cuando sólo se ocupan de él, se muestra tranquilo, atento, abierto y sonriente. En casa, los padres se sienten desbordados y ya no saben cómo tratarlo. Es hijo único y «todo gira alrededor de él», ¡hasta el punto de que dicen que la pareja está en peligro! Por ello, aceptan el consejo de la maestra y consultan a un especialista. Sergio, dicen, es agresivo, y el fantasma de la anormalidad asoma con sus palabras. Sin embargo, Sergio es un rubito encantador, muy presente en la conversación y encantado de que se ocupen de él.

Sebastián tiene la misma edad y aterroriza al resto de su clase. Se hace respetar con la fuerza y no se detiene ante nada. No soporta ser pequeño, imita todo lo que hacen los adultos, incluso tratar de fumar. A diferencia de Sergio, Sebastián tiene un hermano menor. Por la mañana, ambos se abalanzan sobre el desayuno, salen dando un portazo, se pegan a la menor ocasión... en definitiva, se comportan como animalitos. La madre ni siquiera tiene tiempo de formular una prohibición cuando ya la han transgredido. Grita y se agota en vano. Sebastián, cuando está solo, es un niño encantador, muy deseoso de hablar con el adulto, ¡a condición de que su madre abandone la habitación!

Tanto Sergio como Sebastián son el centro de la familia. Por otra parte, los padres de Sergio ya no pueden aislarse desde que este les sorprendió entrando en su habitación. En cuanto a Sebastián, se vio tan perturbado por el nacimiento de su hermano, me dice su madre, ¡que no se atreve a tener un tercero y hasta piensa pedirle su opinión!

Aunque han nacido en ambientes muy distintos (el padre de Sergio es chófer y su madre, contable, mientras que la madre de Sebastián es catedrática de letras y su padre, ingeniero), estas parejas de padres tienen en ambos casos un perfil muy particular. Las dos madres, cálidas y ansiosas, tienen una situación superior a la de sus maridos y son un poco mayores que ellos. Estos están presentes y se sienten plenamente implicados en la situación, comentan con su mujer los problemas educativos y no están en absoluto eclipsados. En cambio, cada uno de ellos tuvo un problema con su propio padre. El padre de Sergio es el tercero de una familia de tres chicos; su padre era sumamente severo y le pegaba a menudo; en cuanto a su madre, era tan fría que aún habla de ella con lágrimas en los ojos. El padre de Sebastián, nacido en una familia numerosa, tampoco tiene un buen recuerdo de su infancia. Así, ha decidido prestar más atención a sus hijos y castigarlos sólo cuando sea oportuno.

Ambos niños gozan de buena salud física y psicológica. Tienen ganas de aprender y acuden con gusto al colegio. Pero en ambos casos los padres se sienten superados y la vida en casa es una especie de infierno. ¿Qué ocurre en estas familias? ¿Qué se puede hacer? Cuando están desbordados, los padres gritan, y cuando están hartos, reparten cachetes o zurras. No se trata de buscar *quién* es el responsable sino *qué* hace la vida tan difícil a estos padres.

También en este caso la escucha atenta permite observar que a la madre de Sergio siempre le ha costado separarse de él. Es consciente de ello, pues dice que a Sergio le costaba abandonarla para ir al colegio y que para ella *era igual.* Para la madre de Sebastián las cosas son más complicadas. Ella decidió ocuparse por completo de su primer hijo y asegura haberse agotado por satisfacer todas sus exigencias. También había vivido en una familia numerosa, lo cual tal vez lo explique. El caso es que cuando nació el segundo se vio *materialmente* obligada a ocuparse menos del primero. Eso le hacía sufrir por él. Pero al mismo tiempo pudo comprobar que el segundo, que tampoco acaparaba todo el tiempo de ella, no sufría por este motivo y que, al contrario, lloraba menos que el primero.

¿Qué ocurre en realidad? En los dos casos, a los niños no les falta autoridad ni atención, y aún menos, cariño. En cambio, existe un problema en la circulación de las normas de los padres. A los chicos, puesto que en este caso se trata de chicos, les cuesta muchísimo orientarse con respecto al rol de cada uno de los padres, ya que estos roles no están lo bastante diferenciados. Sé que lo que digo suscitará toda clase de dudas, pero quisiera abordar este problema independientemente de las cuestiones de «machismo» y «feminismo». El niño necesita, por un lado, una autoridad franca y clara, y por otro lado, saber de dónde viene esa autoridad. Ahora bien, la persona que más se ocupa del niño (y digo la persona) suele tener dificultades para hacerse respetar. ¿Por qué? Porque el niño que vive en el bienestar afectivo del que hemos hablado percibe las «órdenes» de la persona que más se ocupa de él —y en general es la madre— como una manifestación abusiva porque no comprende su necesidad. Por ello, vive sus exhortaciones como un abuso de poder de una persona sobre otra. Como hemos dicho, la autoridad proviene siempre de otro, de otra parte, de una razón superior que es difícil de explicar en todo momento. Por otra parte, esa es la razón de que el padre sea en nuestras sociedades la encarnación «natural» de ese poder.

El niño necesita percibir ese poder de los padres como una necesidad y no como el despotismo del más fuerte. En estos dos casos, unas sencillas explicaciones permitieron a los padres repartirse los roles y las cosas volvieron a su cauce muy pronto.

Niños agitados que perturban la clase y vuelven locos a los padres

Esos pequeños matones que aterrorizan a los demás carecen de límites en su casa y llevan a cabo una representación: su comportamiento caricaturiza la autoridad de la que carecen en casa.

A los 8 años, Francisco es bastante espabilado. No comprende que tiene que prestar sus juguetes a su hermano, ya que este no tiene edad para apreciarlos. Por otra parte, esta recomendación que le ha hecho su madre es muy formal. Esta reconoce que es el mayor y sobre todo no quiere dar privilegios a su hermano, dos años menor. Además, da de forma sistemática los mismos regalos tanto a uno como a otro, en cualquier ocasión. Pero Francisco no está satisfecho. Se muestra exigente, vengativo y colérico, y siempre se sale con la suya. La madre, cómplice y admiradora en secreto de este niño, confiesa no obstante su exasperación. El otro día le dijo a su abuelo: «¡Ojalá revientes!». Ella pasó tanta vergüenza que ni siquiera reaccionó. Se vuelve hacia su marido y le pide que «haga algo», pero este no sabe actuar con rigor. Por ello, trata de resolver su problema ella sola, ya que cuando el padre reacciona le parece demasiado violento. El otro día, Francisco le telefoneó a su trabajo quejándose: «Papá me ha roto un diente pegándome». En realidad, aquel día el padre le había dado una zurra a Francisco porque este había tirado a su hermano al estirar con violencia de una manta en la que este estaba sentado. Francisco esquivó el golpe y se golpeó la boca contra un mueble. El padre considera que Francisco es violento, pero no consigue parar su incesante agitación. Lo único que le calma, dice, es la tele, pero después tiene pesadillas. El padre explica su propia actitud con una infancia difícil: no conoció a su padre, y su madre tuvo dificultades para criar a sus seis hijos. Por su parte, la madre confiesa:

21

«Soy yo la que manda, ¡por desgracia!». La violencia de Francisco ante esta ausencia de frenos y límites se convierte en algo monstruoso. La madre lo teme y dice incluso que ha querido «estrangular a su hermano».

Eric tiene 11 años, es el segundo hijo, y su hermana mayor tiene 20 años. Aunque su historia y su ambiente social y familiar son distintos de los de Francisco, él también está agitado de forma constante. Sin embargo, como en el ejemplo anterior, hallaremos en estos dos niños similitudes en lo que respecta a la configuración familiar. Eric no vive con su padre, aunque lo ve con frecuencia. Su madre es una abogada muy solicitada, aunque muy presente para ocuparse de su hijo. Piensa que su ex marido, que está en paro, es incoherente, y hace comentarios despectivos sobre él. Por otra parte, los abuelos paternos de Eric han discutido con su hijo, y en cambio se entienden a la perfección con su nuera, a la que ven a menudo, ya que vive en el piso que está encima del de ellos. Esta también critica a sus propios padres: ¡su padre es «integrista», dice, y su madre, «depresiva crónica»! Eric es tan insoportable que incluso sus compañeros lo rechazan. Los «chincha» de forma constante y en sus periodos de excitación no puede evitar cubrir de insultos a cualquiera. No obstante, su escolaridad se mantiene en un nivel adecuado.

Algunos médicos podrían diagnosticarle a Eric «hiperactividad», esa «nueva enfermedad» que nos llega de Estados Unidos, y para la que también los europeos empiezan a dar *anfetaminas*, esos excitantes cerebrales que tienen en estos niños el paradójico efecto de calmarlos, aunque sin tratar en modo alguno la causa de esta agitación enfermiza. Por mi parte, y como la inmensa mayoría de mis colegas psiquiatras infantiles, prefiero el tratamiento psicológico, y propuse para Eric un psicodrama individual que tuvo al cabo de varios meses un resultado casi milagroso.

Pero ¿cómo explicar en estos dos niños una agitación, unos ataques de ira y una excitación que, al menos en el caso de Eric, adquirían tintes claramente enfermizos? Para Eric, este estado sucedía a una infancia ya problemática. Sujeto a rinofaringitis y otitis de repetición, siempre tuvo trastornos del sueño e incluso se golpeaba la cabeza en el momento de dormirse.[1] Francisco también tuvo bronquitis asmatiformes y otitis múltiples, pero su sueño se asentó de forma más rápida, aunque tenía y sigue teniendo numerosas pesadillas. Ahora bien, estos dos niños tienen unos padres muy distintos de los anteriores. Mientras que en los de Sergio y Sebastián los circuitos de decisión estaban viciados, aquí se observa un auténtico menoscabo y abandono de las responsabilidades del padre. Por supuesto, es necesario matizar este juicio. ¿El menoscabo es real o imaginado por la madre? Cuando la madre de Francisco dice: «Soy yo la que manda, por desgracia...», reconoce o, mejor dicho,

---

1. Véase *On a rendez-vous chez le psy* «Rythmies d'endormissement», Retz-Pocket, 1995, pág. 203.

afirma el lugar del padre pero considera que es incapaz de ocuparlo. Lo mismo ocurre con la madre de Eric. Estas dos mujeres quisieran integrar a sus maridos (o ex maridos) en la educación de sus hijos. Frente a lo que ellas consideran un fallo, recurren al psicólogo. A este le corresponde entonces comprender la función que le exigen. Lejos de abundar en el sentido de una exclusión del padre, la función de este consiste en reconciliar a estas mujeres con una imagen del padre menoscabada por los hechos. Por lo tanto, la función del profesional consultado no es sustituir al padre sino incitarlo a ocupar su lugar.

¿Una madre demasiado autoritaria y un padre demasiado débil causan los malos resultados escolares?

Una configuración determinada de la pareja formada por los padres —madre autoritaria y padre débil— parece producir efectos semejantes. El niño no puede rebelarse contra la autoridad materna y provoca al padre.

Alberto tiene 14 años y repite primero de ESO después de haber repetido quinto de primaria. Pero lo peor es que ha sido expulsado muchas veces de varios centros escolares por problemas de disciplina. Incluso se fugó del último. Es el segundo hijo de la familia y su hermano mayor es bastante taciturno e introvertido. Él mismo también estaba muy bloqueado en su infancia y hablaba muy poco, aunque siempre se encontraba del lado de los alborotadores en una mezcla de desafío y de temor al adulto. La madre se califica a sí misma de nerviosa y agitada, y cree que ello perturba a Alberto. El padre, mestizo, es hijo de militar; todos sus hermanos están también en el ejército, donde uno de ellos ha ascendido bastante. Es el séptimo de once hijos y sólo conoció de su padre una autoridad brutal, mientras que era mimado por su madre. Se siente muy desconcertado por Alberto, sobre todo porque hace todo lo posible para que sus hijos sean más felices que él. Alberto parece provocarlo de forma insolente: por ejemplo, le hace creer que fuma droga y finge «liarse un porro» ficticio. El padre confiesa: «Alberto está completamente fuera de la ley». Sin embargo, al mismo tiempo no soporta que Alberto esté interno en un colegio, dice que se aburre y llora, ¡e incluso va a buscarlo con el pretexto de que el internado resulta demasiado caro! La madre no sabe qué hacer y es del mismo parecer que el padre cuando se ve superado por Alberto. Este se entiende bien con su hermano mayor, que le lleva dos años, en quien encuentra a un aliado contra unos padres a los que es difícil oponerse sin sentirse culpable de hacerlos desgraciados.

Pol, 14 años, que tiene una hermana de 11 años, también plantea graves problemas de disciplina en la escuela, donde contesta con insolencia a los profesores. En casa es distinto, porque es verdaderamente el rey. Su madre, enfermera, se lo permite todo, y a su padre, contable, le cuesta disimular las dificultades que tiene con él. El otro día, cuando le regañaba por sus malos resultados escolares, Pol le respondió: «Si sigues así... ¡me perderás!». La madre resulta conmovedora con su voluntad de tratar de conciliar las exigencias de la maternidad con una atención continua. Pol también se fugó, sólo durante unas horas, pero ello afirmó aún más su poder sobre sus padres. También en este caso, la historia de los padres explica casi con demasiada facilidad (porque son conscientes de ello) sus dificultades. El abuelo paterno de Pol era un hombre sencillo, afectado por trastornos auditivos que ocultaba y para los cuales rehusó cualquier aparato. Por el contrario, su mujer, también sorda, aceptó un aparato y asumía todas las tareas sociales que necesita una familia. Cuando su padre afirmaba de forma autoritaria «que él era el jefe», el padre de Pol no podía evitar sentir mucha vergüenza, y cuando en la adolescencia intentó criticarlo se desencadenó una crisis tan grave que no volvió a hacerlo. Por ello, el padre de Pol se desprecia a sí mismo: «Soy frágil, no he cortado el cordón umbilical», confiesa.

En estos dos casos, no se puede evitar pensar que los chicos carecen de una autoridad paterna. Sin embargo, en los dos casos la pareja formada por los padres es sumamente solidaria y cabe preguntarse si el chico diferencia bien a sus dos padres. En efecto, esta diferencia es imprescindible para el equilibrio del chico, sobre todo si debe asociarse con una gran solidaridad (volveremos a estas cuestiones cruciales de la relación de cada uno de los padres con la autoridad en general y con la suya en particular). En este caso, da la impresión de que las madres desempeñan todos los roles, ¡incluso el de apoyar a un marido que se ve a sí mismo como un padre que falla!

La prohibición es una necesidad

¿Qué responder a la pregunta formulada en este capítulo cuando los problemas son tan delicados y complejos? En primer lugar, la prohibición parece una necesidad para la educación, pero nos damos cuenta muy pronto de que cuanto más sólida es la autoridad de los padres menos necesitan formular estas prohibiciones. No obstante, en todos los casos que he comentado se establece una relación entre la falta de autoridad y las dificultades del niño o el adolescente. Estas dificultades pueden comenzar muy pronto, ya en el parvulario, es decir, al comienzo de la vida en sociedad, y el parvulario forma ya una microsociedad con sus cabecillas, sus intelectuales, sus víctimas, etc. Pero las dificultades pueden convertirse en auténticos trastornos si no se les pone remedio. Entre estos trastornos, la temible *inestabilidad psicomotriz* requiere una gran movilización de la familia para curar con algo que no sean medicamentos. En la adolescencia, las dificultades se llaman enfrentamientos con los padres, conductas de riesgo, etc.

En segundo lugar, es difícil identificar de dónde proviene la falta de autoridad. Por supuesto, es fácil atribuirla al padre, pues es él quien se supone que ha de tenerla. Ahora bien, al hablar con estos padres uno se da cuenta de hasta qué punto esta atribución es cultural o psicológica. ¿Cómo y dónde se aprende a ser padre? Hay quien lo pregunta con toda ingenuidad. Es evidente que, también en este ámbito, la experiencia es un grado. En la mayoría de los casos, el *propio padre* del padre mostró su debilidad tras un comportamiento severo y autoritario. Y el padre encontrará en su pareja unos problemas que creía alejados para siempre. Por ello, en la etapa de padres, la madre trata de compensar este fallo, ¡cuando no lo suple de forma radical! Se da lo que he denominado una *mala circulación de las órdenes*, una crítica negativa al padre por parte de la madre, o esa debilidad contra la que luchan los dos padres.

Por último y, sobre todo, la pregunta «¿Por qué prohibir?» halla su respuesta en el comportamiento de los niños y adolescentes fuera del ambiente familiar, es decir, sobre todo en la escuela. Es ahí donde se revela casi siempre la falta de autoridad que ha sufrido el niño. Este la demuestra provocando a la autoridad impuesta, como si buscase un enfrentamiento que le ha faltado. Es cierto que los casos son sumamente variados, pero siempre pueden establecerse útiles relaciones entre el comportamiento del niño en casa y en la escuela (primaria o secundaria). Algunos niños, en apariencia tranquilos en su casa, se desenfrenan en la escuela; otros, terribles en casa, se muestran ejemplares fuera de ella. Todos estos comportamientos revelan cómo se ha estructurado el niño a partir del padre, de la madre y de la pareja que estos forman.

Así pues, la prohibición, en el sentido amplio del término, resulta esencial en tres ámbitos:

— *la educación:* no hay educación sin prohibición;
— *la vida en sociedad:* es decir, fuera de la familia, primero en el parvulario y en la escuela;
— *la salud mental.*

Puede decirse que todos los trastornos leves o graves del niño provienen de una falta de prohibición (que no debe confundirse con el castigo), desde la inestabilidad corriente hasta los trastornos graves de la personalidad.

II

A castigar se aprende

He distinguido castigo y prohibición diciendo que los trastornos del niño provenían de una falta de prohibición y no de castigo. En realidad, no existe la una sin el otro. Pero no en condiciones cualesquiera.

Rodolfo, un adolescente de 16 años, último hijo de una familia numerosa, considera que tiene graves problemas con su padre, a quien desafía a su modo sin que este lo sepa. El padre es una persona importante e imponente. Prohíbe a sus hijos fumar y todos respetan esta prohibición... salvo Rodolfo, que fuma a escondidas desde hace dos años. Ahora bien, nunca hay conflicto abierto entre el padre y su hijo. Por otra parte, Rodolfo se siente muy culpable y se desprecia muchísimo. Por suerte se confía mucho a su madre, a quien se siente muy cercano. Todo ello provoca en él lo que se denomina la *melancolía*, una especie de depresión larvada y crónica, por fortuna reversible en el adolescente. En cuanto veo a Rodolfo, se relaja y confía en mí, pero quiere arreglárselas él solo y no quiere que yo intervenga ante sus padres. En un momento dado, intrigado, le pregunto cómo ejerce su padre tanta influencia en él, y responde: «¡Pues verbalmente, sin levantar nunca la voz!». Sin amenazas ni castigos, puesto que Rodolfo nunca se ha atrevido a fumar delante de su padre y nunca ha desobedecido en lo que respecta a los horarios, por ejemplo.

Por lo tanto, la autoridad no necesita sanciones ni para instaurarse ni para perdurar. En este ejemplo, caso bastante infrecuente en la actualidad, toda amenaza de sanción, toda elevación del tono de voz menoscabarían esta autoridad casi natural. Pero, como nos dijo, Rodolfo se siente culpable. Eso significa que ha aceptado esta autoridad, que se la ha apropiado. Si bien es posible infringirla, aunque sea sufriendo, afrontarla sin deprimirse parece imposible. Seguramente este temor a la depresión explica ese respeto por la autoridad. Y ello, una vez más, porque el adolescente se la ha apropiado y afrontarla equivaldría a crear en él un conflicto insoportable.

En este caso no hay necesidad alguna de amenaza *externa*, puesto que el resorte de la obediencia es interno. No obstante, no cabe duda de que esta obediencia es fruto de un enunciado que ha dado pruebas de su eficacia desde la primera infancia. Y es que la desobediencia es tan precoz como la obediencia, y esta debe *aprenderse*. Pero sólo se aprende bien si los padres están convencidos. Sin embargo, hoy en día lo menos que puede decirse es que esta cuestión de la autoridad está sumida en la mayor ambivalencia (es decir, la coexistencia de dos tendencias opuestas). Como consecuencia, la prohibición formulada al niño suele ser tan equívoca, tan ambigua, que al niño le cuesta detectar la convicción del progenitor que formula esta ley y sólo puede dudar de la determinación del adulto al exigir su aplicación. Por este motivo, en la mayoría de los casos la autoridad por sí sola no existe y necesita pruebas y actos para afirmarse. Además, estas pruebas y estos actos deben estar de acuerdo con la voluntad de los padres y con lo que dicen. Toda divergencia entre lo que se dice y lo que se hace es fuente de confusión y origina un verdadero desconcierto en el niño. Por eso el castigo aparece como el complemento necesario de la prohibición. Y es que desde el principio, desde los primeros momentos de la vida social del niño, una prohibición que no da pruebas de su realidad se descalifica y enseguida pierde toda su eficacia.

Los «padres derrotados», una realidad caricaturesca

La descalificación de los padres que no consiguen hacerse respetar, es decir, lograr la aplicación de sus prohibiciones a pesar de las amenazas y sanciones, puede adquirir proporciones gigantescas en algunos casos, que pueden llegar hasta esa aberración psicológica que recibe el nombre de *síndrome de los padres derrotados*.

Juana tiene 17 años. Nunca la veré. Y con motivo: su madre viene a verme acompañada de su compañero porque la vida es insostenible en casa. Tuvo a Juana de muy joven, a los 17 años, con un chico al que nunca volvió a ver. La crió sola durante unos diez años y luego conoció a su compañero, un hombre mucho mayor que aceptó la presencia de Juana. Antes de ese encuentro, Juana y su madre vivieron en una fusión casi total; la madre se confiaba a la hija y viceversa. La escasa diferencia de edad acentuó esa complicidad cotidiana, de forma que Juana vivió muy mal la llegada del «padrastro». Eso es lo que me cuenta su madre delante de su compañero; los dos han venido a verme sin que lo sepa Juana. Y es que, me dicen, si «ella» supiera que hemos venido a verle, montaría un circo increíble y nos pegaría. Ella sabe, añaden, que su padrastro se levanta muy temprano para ir a trabajar, así que aprovecha para poner su cadena de música «a tope» por la noche para impedirle dormir. Por supuesto, los vecinos protestaron y llamaron a la policía, pero lo que ocurrió ha hecho que no repitan. Los policías vinieron, e incluso Juana habló sola en su habitación con una agente a la que se confió y a quien prometió no volver a hacerlo. En cuanto se marcharon los policías, se apresuró a impedirle dormir a su padrastro. Sugiero a los padres que le digan que han venido a verme, ya que sospecho que detrás de esta rebelión característica hay un gran sufrimiento. Pero los padres temen demasiado a Juana. Se niegan. De todas formas les doy una nota para Juana. No volveré a verles.

Esta historia muestra hasta qué punto la omnipotencia del niño debe cortarse muy pronto, ya que de lo contrario tiende a imponerse sin límites. Además, cabe suponer que esta madre tuvo dificultades para convencer a Juana de la necesidad de rehacer su vida con este hombre porque a ella misma le costó decidirse. Ello no impide que de forma consciente se sienta del todo desamparada y busque ayuda sinceramente. Pero la niña ha crecido, conserva ciertos resultados escolares a pesar de sus dificultades y se ha convertido en una adolescente consciente de su fuerza. Por ello es difícil intervenir en ese momento de su historia y cabe suponer que incluso el recurso al juez de menores, cuya vocación es ante todo proteger al menor en peligro, como en este caso, no será la solución milagrosa.

Marcos es un poco más joven (15 años), pero también es presentado por sus padres como un carácter peligroso. Trabaja bien en clase pero no puede evitar maltratar a su hermana menor o amenazar a su madre. En cambio, fuera de casa se muestra bastante apocado y desconfía de los compañeros más espabilados que él, aunque hace poco se ha sabido que amenazaba por teléfono a un vecino mayor y que paseaba con un compañero por lugares frecuentados por homosexuales. En casa, Marcos tiene ataques de ira durante los cuales rompe todo lo que se le pone por delante. Ha golpeado a su padre en varias ocasiones y este trata a veces de «meterlo en cintura» con cierta eficacia. La madre de Marcos, también en este caso, le comprende profundamente y tiene una gran complicidad con él. Sin embargo, reconoce que ahora se pasa de la raya y que tiene que hacer causa común con su marido para contener la violencia de Marcos. Por ello acepta hablar de él con un especialista y acompaña a Marcos a ver a varios médicos. No obstante, uno de ellos ha estado a punto de echarlo todo a rodar porque acusaba al padre de malos tratos. Esta acusación, justificada o no, se explicaba en gran parte por el desafío constante lanzado por Marcos a la autoridad paterna. Otro médico prescribió un tratamiento farmacológico que reclamaba el propio Marcos, angustiado por su propia agresividad. En cualquier caso, una psicoterapia mediante el psicodrama individual conseguirá vencer esta impresionante violencia, es decir, transformarla en palabras.

Castigar es dar peso a las palabras

El progenitor que se siente superado grita, amenaza y exige la intervención de su cónyuge. A veces esto calma la situación, sobre todo si el cónyuge, si tiene más perspectiva, se toma las cosas de otro modo y no secunda sistemáticamente los deseos de la pareja. Pero los gritos, aún más que la ira, no son aceptados por el niño, que prefiere con mucho una sanción que lo libere.

José, 13 años, ha sido sorprendido en flagrante delito de robo en coches con una banda de delincuentes. Ha vivido esta experiencia como una verdadera prueba. Está sinceramente arrepentido y dispuesto a todo para redimirse. Es cierto que desde entonces ha rectificado su conducta. Al cabo de cierto tiempo, se observa una auténtica guerra entre sus padres y él, guerra que no se sospechaba, ya que el sentimiento de culpabilidad de José la ocultaba con una obediencia nueva y absoluta. José ya no soporta a sus padres. Ya no soporta la prohibición de salir, pero sobre todo las preguntas incesantes, y gime: ¡o gritan, o preguntan! ¿Hablar con su padre? Es «totalmente imposible». El padre confiesa: «Se le mimó demasiado». Y la madre hace esta sorprendente confesión: «Es como si estuviese *dentro* de mí». Cabe preguntarse qué hace José cuando sale de su casa, pero también qué personaje representa para sus padres. En efecto, parece ser objeto de una inquietud desmedida, desproporcionada respecto a su capacidad de apartarse de las normas, y que parece dirigirse al personaje inquietante y oculto de una historia familiar vergonzosa. En realidad, los padres no se preocupan tanto por las salidas de tono de su hijo. Todo ocurre como si este les soltase cuatro verdades delante de testigos, y eso es lo que les escandaliza.

En este caso, se percibe que existe cierta verdad en las palabras del chico, y que por ello los padres, sensibles a ella, tienen muchas dificultades para castigarlo. Pero esta verdad es dura de llevar por quien la soporta, y el niño siente la necesidad de que su audacia sea castigada por otros, por los representantes de la ley para ser exactos, y sin ser instigador de nada se limita a seguir a jóvenes mayores, más audaces, más parecidos al adulto que desearía ser.

En tales circunstancias, ¿cómo puede este chico obedecer, conformarse a una regla, hacerse adulto en definitiva? Adulto, tal vez lo es ya de forma precoz debido a su confrontación con el ambiente de la calle, cercano a las realidades de la vida, debido al lugar que se ve obligado a ocupar frente a sus propios padres. Y es que, como hemos visto, en cierto modo es necesario que se ejerza la ley cueste lo que cueste: si no se hace a través de los padres, será la sociedad, y si esta se muestra demasiado indulgente, será el propio chico el que aseste esta verdad a quienes se supone que deben inculcársela.

Si la ley no se enuncia, si la transgresión no se sanciona, el niño se infligirá el castigo merecido, casi siempre de forma inconsciente. Por ello, se justifican las quejas de José: los padres se limitan a gritar o preguntar. Todo eso son palabras al aire. Por otra parte, se han quejado recientemente de que José hace que suban mucho las facturas de teléfono. Ahora bien, José sabe que existe un sistema mediante el cual sólo puede recibir llamadas, pero los padres se niegan a instalarlo. Así pues, «todo lo que dicen son *palabras al aire*».

La sanción, real o solicitada de forma inconsciente por el niño, es lo que da peso a las palabras, es decir, a la prohibición. Evitarla es quitar a las palabras su poder. Aplicarla sin motivo tiene curiosamente los mismos efectos: eliminar el sentido transmitido por las palabras. Por lo tanto, sanción y prohibición mantienen una relación complementaria: son las dos vertientes de una misma realidad. El niño debe estar convencido de que el padre cree en lo que dice y en lo que prohíbe, es decir, que aplicará sin falta el castigo en caso de incumplimiento de la regla. Y en consecuencia respetará la prohibición, no como una palabra vana, sino como una palabra cierta que le ayudará a construir su personalidad.

Quien bien te quiere te hará llorar

Este refrán anticuado provoca hoy en día un escándalo al enunciarlo. Eso ocurrió hace poco cuando hablaba de estos problemas ante un público de educadores. Una psicóloga protestó citando un caso de malos tratos. No tuve dificultades para responderle que en ese caso los padres no querían bien ni hacían llorar como es debido. Desde luego, todo es cuestión de matices, pero en estos momentos corren en Europa —seguramente procedentes de Estados Unidos— unos aires tan «políticamente correctos» de pretendida no violencia, por los que se considera malos tratos hasta la menor bofetada, que cabe ponerlo todo en tela de juicio.

Quiero que se me comprenda bien. No pretendo predicar ni el castigo físico sistemático, ni aún menos la vuelta a los famosos azotes con cinturones, ni tampoco el retorno a la educación «a la inglesa». Lo que digo es que la autoridad debería bastar para que el niño respetase la prohibición. Cuando esta no es suficiente por las razones de las que hablaba, por supuesto se puede recurrir a un tercero, pero esto no es posible cada día. Además, el niño necesita que sean *sus propios padres* y no los abuelos, por ejemplo, quienes le hagan obedecer. No hay nada peor para un niño que no tener límites (y no son los malos tratos los que los imponen, muy al contrario). Se

39

puede llegar a decir incluso que hoy en día existen niños que sufren de una *ausencia de límites que es asimilable a los malos tratos*. Cuando los padres son incapaces de imponer el respeto de ciertas reglas simplemente con la palabra, se ven obligados a gritar, pero este reconocimiento de impotencia es, al mismo tiempo, la manifestación de sus propios límites. Hay cosas que no pueden tolerar, y así debe ser. El niño percibe así sus límites como una barrera, y más tarde se los apropiará.

Un padre viene a verme descompuesto. Según dice, su hijo Guillermo de 12 años acaba de intentar violar a su hermana de 8 años. La pequeña se ha defendido, ha gritado y todo se ha interrumpido enseguida. Pero lo que más preocupa al padre es lo que le ha respondido Guillermo cuando él le ha dicho que eso estaba prohibido. «¿Por qué?», le ha preguntado Guillermo; el padre no ha sabido responderle y es lo que viene a preguntarme a su vez. Y cabe preguntarse si lo que los psicoanalistas llaman la *ley del padre* está presente en esta familia.

La ley del padre es lo que prohíbe el incesto en el ambiente familiar. Aunque esta ley nunca se formula, funciona en los casos en que la pareja formada por los padres está equilibrada de tal forma que los niños perciben un orden superior situado por encima de las simples reglas de vida en común. La frecuencia del incesto entre hermanos permite plantearse una cuestión de envergadura cuando se ve el interés suscitado actualmente por los malos tratos. No obstante, el incesto entre hermanos, a diferencia del caso que relato aquí y que es sobre todo una *provocación* (literalmente: empujar a hablar), es por norma general silencioso y se mantiene en secreto.

En el caso de la familia de Guillermo, se averiguará que el padre realiza con frecuencia una especie de «fugas» impulsivas que le hacen abandonar el hogar durante unos ocho días. Durante estas, Guillermo, que es el mayor, «tranquiliza» a sus hermanos y se pregunta «por qué se preocupan tanto». Consuela a su madre y no parece molestarle en absoluto la marcha de su padre. Seguramente, sin forzar demasiado las cosas, cabe establecer una relación entre esto y aquello. El padre de Guillermo es a la vez torpe si no brutal e ineficaz, como se ve en este ejemplo, pese a toda su buena voluntad.

He hablado en este ejemplo de provocación. Ahora bien, la vida en familia, la promiscuidad obligatoria que conlleva —el hecho de compartir habitaciones, el cuarto de baño, etc.— es una perpetua provocación a las tentaciones que no podemos dejar de llamar sensuales. Por eso es necesario que se formulen, se verbalicen, ciertas reglas (por ejemplo, llamar a la puerta de la habitación de los padres). Así, los niños de sexo opuesto, pero también los del mismo sexo, conservarán una distancia que les tranquilice y les permita expandirse. Cuántas veces prohibir al niño que vaya a la cama de sus padres, pero también a la de sus hermanos y hermanas, ha podido valerle al psicoanalista infantil unos éxitos rápidos. Y que no se diga en este caso que se trata de *pedagogía*, cuando más bien es cuestión de sustituir de forma útil a unos padres que fallan, sinceramente sorprendidos de nuestra intervención aunque la comprenden muy bien.

Sin embargo, esta sustitución, que por otra parte es más bien una sugerencia, debe suscitar en el propio progenitor una prohibición que asume. El padre de Guillermo recurre a un tercero, otros padres se irritan, algunos, fuera de sí, dan una bofetada: aunque es posible establecer una jerarquía entre estos comportamientos, todos proceden de una misma intención a veces preconsciente, pero al fin y al cabo saludable, y si no queremos ser cómplices no podemos desautorizar al progenitor que se convierte en portavoz de la misma, aunque a esta voz se le haya adelantado el gesto.

Mónica, de 12 años, es un «chicazo». Sus padres están en el ejército y tienen una función que guarda relación con el mantenimiento del orden. Mónica está en el límite de la delincuencia, frecuenta una banda, ha probado el hachís y ha sido interrogada en la comisaría de policía por complicidad de robo. Los padres están desorientados, si no desesperados. Ya no se atreven a actuar, pues Mónica ha cometido ya un intento de suicidio impulsivo ingiriendo los somníferos de su madre. Ese día, todo mejora. Mónica, que suele mostrar cara larga y ceño fruncido, sonríe francamente y mira de frente. ¿Qué ha ocurrido? El padre se ha dado cuenta por sí solo de que el comportamiento transgresivo de Mónica se dirigía contra él de forma personal. En lugar de permanecer impasible y fingir que no ve ni oye nada, ha decidido... darle una zurra a Mónica. En lugar de la reacción que temía, esta se ha sentido aliviada de inmediato y se ha calmado, para su propio asombro.

Este tipo de historias es tan frecuente que da qué pensar, o debería hacerlo. Es cierto que hay sistemas mejores que el castigo corporal, pero este siempre es mejor que nada. Desautorizar al padre por su acto equivaldría a negar su papel como padre.

La autoridad es necesaria

La autoridad de los padres es necesaria, y es sintomático de nuestra sociedad que haya que recordarlo. En efecto, esta autoridad es cada vez menos «natural». Está mancillada por todos los abusos que fueron transmitidos por la oleada educativa y represiva de finales del siglo XIX y principios del XX. Por otra parte, el psicoanálisis ha contribuido a esta reacción saludable. Pero los padres sólo han conocido el lado permisivo. Sin embargo, Françoise Dolto supo hacer entender a los padres que una frustración aparente se acompañaba siempre de gratificaciones en otro ámbito distinto del que abandonaba el niño.

Como los niños siempre son niños, manifiestan a veces de forma ruidosa su necesidad de autoridad. Los padres responden como pueden, a su modo, a veces torpe, a veces violento. Y si bien la violencia no es justificable, la reacción sí lo es, y no hay que invalidar esta a causa de aquella. La necesidad de autoridad no es una necesidad de castigo. Es necesidad de límites, de prohibiciones que el deseo naciente de los niños genera por su propia violencia. Por eso la prohibición es también amenaza, amenaza de perder, ante todo, el amor de los padres. Por eso la aceptan los niños: prefieren conservar este amor durante casi todo el tiempo. Y es que deben sentir que se arriesgan de verdad a perderlo. Y en eso radica la paradoja del aprendizaje durante esta primera prueba de fuerza: el castigo debe ser aceptado y comprendido por el propio interesado, y sólo puede serlo si el corrector está convencido de lo que hace.

Berta tiene 5 años. Es la hija única y deseada de unos padres muy activos. El papá es alto funcionario, la mamá es doctora. Con frecuencia van a pasar el fin de semana a la propiedad familiar y muchas veces se llevan a una amiguita de Berta. No hay canguro el domingo. Berta tiene por fin a sus padres para ella sola. Catástrofe, el teléfono ha dejado de funcionar. El padre, que espera unas llamadas importantes y debe mantenerse disponible en todo momento, descubre enseguida la causa: ¡han cortado el cable! También descubre enseguida a la culpable. Se lleva a Berta a su despacho y negocia con ella el castigo. La madre ha decidido no intervenir, pues sus relaciones con Berta son tormentosas en este momento. Berta y su padre salen del despacho. Con gesto solemne, Berta declara que se ha quedado sin televisión durante toda una semana. Ya no hay dibujos animados, que le encantan. La semana pasará sin novedad. Berta está radiante, manifiestamente aliviada por este castigo, del que habla a todo aquel que quiera oírla.

III

¿Quién manda?

La madre de Berta[2] prefirió dejar que su marido castigase a su hija. Sin duda hizo bien: la autoridad debe distinguirse del poder, y el suyo empezaba a desgastarse. Quiero decir que la proximidad de las relaciones cotidianas no facilita el ejercicio de la autoridad, que enseguida puede parecerle al niño arbitraria. Por eso la pareja formada por los padres ha jugado siempre con remitir la decisión del uno al otro.

> Todos conocemos la frecuencia de este tipo de historia:
> —Papá —dice el niño—, ¿puedo... (ver la televisión, ir a jugar, etc.)?
> —¡Pregúntaselo a tu madre!
> —Pero si ella acaba de decirme que te lo pregunte a ti...

Los roles son intercambiables. En la actualidad, una época de responsabilidad conjunta, este chiste ya ni si-

---

2. Véase capítulo anterior.

quiera hace reír. Si nos aventuramos a preguntarle a un niño *quién* manda en casa, responderá invariablemente «mis padres», sin distinguir al padre de la madre. Esta ausencia de distinción se acompaña de la decadencia de la imagen paterna en Occidente. Esta decadencia parece inevitable a pesar de los intentos de resistencia, en apariencia destinados al fracaso. Al parecer, el origen de esta decadencia se relaciona a la vez con la disminución del sentimiento religioso y con el materialismo vinculado a la economía liberal de la sociedad de consumo. Estos dos fenómenos conjugados favorecen el poder de las madres, porque estas se hallan más cerca de la realidad material, lo cual no significa, muy al contrario, que no tengan actividades intelectuales. Sencillamente, el padre ya no es el único poseedor de la autoridad ni es ya el único que encarna los valores ideales a los que, no obstante, sigue haciendo referencia la sociedad. Funciona casi siempre como una segunda madre, una madre auxiliar, e incluso en algunos casos una rival.

Los padres de Julián se preocupan por los resultados escolares de su hijo, pero no le obligan demasiado. La madre es empleada de banca, y el padre, un antiguo educador, se muestra comprensivo. Es él quien, gracias a unos horarios adaptados, se ocupa de los niños después del colegio y de que hagan los deberes. También hace las compras y la colada el domingo. En definitiva, es un padre muy presente en casa. Julián tiene un aspecto feliz, pero bajo esta apariencia se oculta en realidad una excitación permanente. Pocos meses después de hacerme cargo del caso, me entero de que los padres se separan. El marido rehúsa el divorcio, pero no puede impedirle a su mujer que alquile un piso cerca. No comprende la insatisfacción de su mujer, que es incapaz de explicar los motivos de esta separación. Acabará diciendo que se siente desposeída de sus hijos (Julián tiene un hermano mayor) y que todo lo que hace referencia a la casa se le escapa.

El reparto de tareas y roles

No cabe duda de que el feminismo ha dado sus frutos: el marido comparte en general de forma igualitaria las tareas materiales del hogar, y, además, la mujer trabaja fuera de casa la mayor parte del tiempo. Pero este reparto de tareas parece conllevar también un reparto de roles en el plano simbólico. Del mismo modo que se ha podido observar una disminución de las diferencias ligadas al sexo, los roles paterno y materno parecen cada vez menos diferenciados. Sin embargo, la diferencia sexual sigue siendo la norma absoluta.

A los niños les cuesta identificar el comportamiento que se supone que deben imitar gracias al ejemplo del progenitor de su mismo sexo. Esta circunstancia afecta mucho más al niño que a la niña. ¿Es casual que los dos tercios de las consultas especializadas sean de niños? Alegar como razón que pesa sobre el niño una mayor presión escolar, ya que la niña suele tener menos necesidad de estudiar, me parece algo ya superado. Pero esta evolución sociológica que pesa tanto sobre los hombres como sobre

47

las mujeres acarrea en el ámbito de la pareja un desequilibrio a veces sutil. La madre que cría a sus hijos y se mantiene cercana a ellos es también la madre que vigila y castiga. Muestra una menor tendencia a descargarse de este segundo rol en el marido que vuelve tarde, sobre todo porque en realidad este ya no encarna la referencia exterior. Como siempre, las situaciones de divorcio exacerban estas diferencias y las sacan a la luz. De forma muy natural, los magistrados encarnan esa referencia paterna que el legislador le ha retirado al padre. Las madres casi siempre lo comprenden. Son las primeras en observar que su hijo se comporta de forma distinta cuando está el padre y saben bien lo que significa hacer referencia a un tercero para el hijo, tanto si se trata de su propio padre como del médico o incluso del psicoanalista. Por su parte, los padres parecen haberse rendido. El argumento del trabajo —o del paro— e incluso del estrés apenas disimula su frecuente sentimiento de estar desarmados en la educación de su hijo y su renuncia a «luchar». Por eso, en todos los problemas psicopediátricos es aconsejable una discusión sobre los respectivos roles del padre y la madre.

Una discusión aconsejable

En apariencia, no hay nada más fácil para la pareja que hablar juntos de la educación de los hijos. Sin embargo, desbordados por las tareas cotidianas y, todo hay que decirlo, reacios a criticarse el uno al otro, los padres dejan pasar ocasiones decisivas.

María no tiene muchas amigas y sus padres la encuentran introvertida. Efectivamente, parece un poco triste. Su padre se preocupa, la madre intenta hacerle hablar a toda costa. Solos en la consulta del psicólogo, los padres hablan por primera vez de su comportamiento con respecto a su hija. La madre se sorprende mucho cuando su marido le dice que la encuentra demasiado exigente. Sobre todo, piensa que no la escucha lo suficiente. Por supuesto, él tiene una profesión muy absorbente y a veces vuelve a casa a medianoche, pero ha querido estar ahí y tiene cosas que decir. La madre reconoce que desde que su marido se ocupa más de María ella misma tiene más paciencia. Pero cree que es «autoritaria en el mal sentido de la palabra» y añade: «Lo exijo todo y ya». La consulta habrá sido para estos dos padres la ocasión de hablar de su propia actitud, y los problemas de María irán mejorando.

La presencia de un padre y una madre permite por sí sola ampliar el horizonte del niño, evitar que se encierre en una relación exclusiva. Sin embargo, para que esta dualidad sea eficaz es necesario que los dos padres se hablen y que lo hagan de verdad.

Antonio tiene la suerte de tener una madre muy atenta: es psiquiatra infantil y observa con razón un repliegue por su parte, una falta de perseverancia para invitar a unos amigos a los que quiere. También teme que su profesión deforme su juicio y solicita una opinión externa. Su marido está muy presente. ¿Tiene en cuen-

ta su opinión? Últimamente lo encuentra depresivo y
este asiente, está por completo de acuerdo con su mujer. En cuanto a Antonio, no tiene ganas de hablar conmigo. Con sus 6 años, se conforma con rectificar las
inexactitudes del relato de su madre. Por lo tanto, pro-
sigo la conversación con los dos padres. Aunque el padre está «globalmente» de acuerdo con lo que dice la
madre, esta necesita otra opinión distinta a la de su
marido para tranquilizarse sobre la salud de su hijo.

No obstante, la entrevista le permite a esta mujer inteligente y sensible comprender que, como muchas
otras, podría utilizar a su marido mejor. Hay que decir
en favor de estas madres atentas que los padres son menos observadores y que, sin ellas, pasaríamos por alto
muchos problemas. ¿Cuántos adultos lamentan no haber consultado a un psicólogo en la época en que su sufrimiento no podía expresarse?

Sebastián, de quien ya he hablado (capítulo 1), es ese
niño del que me dicen que no teme a nadie. Aplasta todo lo que le molesta a su paso. Por supuesto, no dice ni
hola, ni adiós, ni gracias. En el colegio, empuja con
violencia a sus compañeros, a los que tira al suelo, y los
padres de los demás niños se quejan de él. Sus padres se
entienden bien. Desean más hijos, pero la madre espera a conocer la opinión de Sebastián. El padre se sitúa
en un segundo plano. Cuando se le pregunta, dice que
su mujer le parece demasiado floja. *Cede, flaquea* en el
último momento, cuando han tomado juntos la deci-

sión de actuar con rigor. Esta madre se muestra tan ansiosa que al parecer nada ni nadie tiene el poder de tranquilizarla. Es la angustia de la madre, en este caso como en otros muchos, lo que parece regir la vida familiar. Ahora bien, la angustia —si puedo expresarme así— es muy mala consejera mientras no encuentra alguien a quien dirigirse. A veces da la impresión de que estas madres son como niñas a las que sólo su papá podría tranquilizar. Su marido no puede hacer nada y se conforma con aguantar. Sin embargo, es imprescindible que intervenga cuando se trata del hijo *de ambos*. Por eso, en este caso confieso que aconsejé a esta madre culta e inteligente que volviese a la Edad Media y se limitase a obedecer a su marido. En cualquier caso, es lo que ella entendió y lo que hizo. El resultado fue casi instantáneo. A la semana siguiente, todo parecía haber vuelto a la normalidad (de forma provisional). Sebastián se había convertido casi en un niño tranquilo; la maestra no daba crédito a sus ojos.

El pediatra que trata un sarampión, una faringitis o una bronquitis no necesita citar al padre para facilitar la ejecución de su receta. Confía en la madre, e incluso en la persona que acompaña al niño. Al psiquiatra infantil, al psicólogo y al psicoanalista infantil casi siempre recurren las madres para que den su opinión sobre el niño, para que sugieran decisiones acerca de su futuro y muchas cosas más. Sin embargo, si los trastornos del niño justifican en casi todos los casos esta petición de consejo, la opinión de estos profesionales puede solaparse mucho con las prerrogativas del padre. «¡Qué buen padre sería usted para mi hijo!», me confesaba con toda ingenuidad esta madre, por otra parte nada dispuesta a seguir mis consejos. El psicólogo debe rechazar siempre con amabilidad este rol que le querrían endosar, pues de lo contrario participaría contra su voluntad en la desposesión perjudicial del padre. Los argumentos de estas madres no deben influir en él, pues sea cual sea el fallo o la incapacidad del padre real no hay que olvidar que el niño es su hijo, con mayor motivo cuando el padre está presente, sabe lo que quiere y da su opinión. He comprobado que en la inmensa mayoría de los casos en los que el padre rehusaba una consulta era porque esta entraba en la continuación de una exclusión de su voz. Por ello, tal como siempre subrayaba Françoise Dolto, debe introducirse al padre lo antes posible en el proyecto de ayuda a su hijo.

El padre policía

Veamos ahora un tipo muy particular de configuración familiar. En este caso la madre sí recurre al padre, pero no tiene nada que ver con la referencia a la palabra de un tercero de la que he hablado hasta ahora. Por el contrario, sólo se trata de una orden dada al marido para que obre con severidad, físicamente si es necesario. En este tipo de situaciones, el padre sólo es el brazo secular de la madre y no una referencia espiritual. Su acción sólo se requiere en función de una fuerza física que la madre no tiene. Por lo tanto, la madre tiene en sus manos todos los poderes: la autoridad, poder moral que ejerce sobre el marido; y la fuerza, poder real que aplica a sus hijos a través de una persona interpuesta. ¡Todo sucede como si en un Estado todos los poderes estuviesen reunidos en un solo extremo sin otro extremo que lo equilibre ni controle! Por supuesto, en este caso, la dualidad de la pareja formada por los padres se reduce a pocas cosas y el niño sabe muy bien de dónde vienen las órdenes. Por eso se asiste a veces a un enfrentamiento apenas secreto entre la víctima y el verdugo, el hijo y el padre, enfrentamiento del que la madre se queja con amargura.

Este caso parecerá caricaturesco e incluso extremo. Pueden aportarse algunas variantes: como yo sugería, el padre puede obedecer de mala gana, el niño puede provocar a este y pretender —a veces con razón— que los golpes no le duelen. Ello no cambia demasiado el resultado psicológico. Sea como fuere, el caso que he descrito no es nada raro. Actualmente, adopta incluso un aspecto eminentemente paradójico. La madre que ha leído mucho a Françoise Dolto o a Maud Mannoni pero no las ha entendido bien se apoya en las teorías psicoanalíticas para instar al padre a cumplir su rol de padre. Trata de culpabilizarlo, y le resulta fácil, porque a este le cuesta decirle no... ¡a su mujer! Por poco que los niños lo alteren también a él, desempeñará el rol que se le exige.

Juan y Josefa tienen tres hijos. Él es profesor de matemáticas y ella maestra. Juan tuvo graves problemas con su padre, cuya dolencia —era paralítico de las dos piernas— y mal carácter le impidieron enfrentarse a él. En cambio, tuvo una total complicidad con su madre. Se casó muy joven, muy enamorado de Josefa, algo mayor que él. Esta presenta una gran ansiedad, que a veces adopta una máscara tiránica. Se muestra muy exigente con los niños, lo exige todo de inmediato. Una noche quiere que Raúl, el más pequeño, se calce de inmediato. Juan no comparte esta orden, pero Josefa grita tanto que él prefiere darle al niño una bofetada. Por supuesto, Raúl grita y se marcha a su habitación dando un portazo. Pero la historia no se acaba ahí: Josefa va a buscarlo y, sintiéndose culpable, trata de jugar con él para relajarlo. Raúl no lo soporta y le da patadas.

En esta breve historia, por desgracia frecuente, no sólo la madre consigue sus fines, y sin tener necesidad de pedírselo al padre, sino que además desautoriza a este último al querer anular su acto. Es el niño el que reaccionará ante este trato contradictorio. ¿Hay que decir que su agresividad es anómala o que, por el contrario, es el único que reacciona de forma sana? El psicólogo infantil se enfrenta a diario con este tipo de dilema.

Julia, de 6 años, está en conflicto permanente con su madre. Es muy coqueta y muestra una actitud seductora con su padre. En cuanto vuelve del trabajo, sólo está por él y se convierte en un ángel. El padre es consciente de que «Julia trata de separar a sus padres», pero en realidad no ve nada represible en su comportamiento, aunque se siente culpable cuando su mujer se basa en sus lecturas para acusarle de tener una actitud incestuosa. Además, le repite que a él le corresponde obrar con severidad y no a ella; lo obliga a dar zurras, cosa que, por otra parte, calma mucho a Julia.

Esta secuencia es muy instructiva. Ninguno de los padres es «culpable» en su actitud. Cada uno sigue su temperamento y las consecuencias inconscientes de su propia educación. La madre «tiene razón» al no tolerar una seducción que ve como malsana y recíproca. Por su parte, el padre piensa que su mujer es demasiado rígida y severa. Cada uno revela sin saberlo el resultado de su propia historia y vuelve a encontrar en su cónyuge a uno de los progenitores con los que vivió una relación privilegiada o conflictiva. En cuanto a la niña, también sigue su propia inclinación y de forma inconsciente fomenta los celos de su madre. De todos modos existe una flagrante falta de diálogo entre los dos padres, y esta ausencia de intercambio se refleja en el comportamiento de Julia. No hace falta decir que en este tipo de casos resulta muy conveniente la ayuda psicológica para los padres.

¿Cómo puede imponerse el padre?

Algunos padres nos confían su desconcierto. Perciben en su esposa una actitud que consideran demasiado protectora con el hijo de ambos y nada les permite actuar. Su mujer no atiende a razones, y el chico —porque en estos casos suele tratarse de un chico— es incapaz de desprenderse de unos vínculos que le proporcionan cierto número de ventajas importantes. Algunos padres consideran incluso el divorcio para hacerse oír. Cuando eso ocurre, la sobreprotección no tiene fin, muy al contrario, pero al menos hay un tercero, mediador o juez de asuntos matrimoniales, etc., entre los dos progenitores.

Así pues, como hemos dicho, algunos padres «luchan», mientras que otros, por el contrario, se rinden. El niño necesita separarse de su madre. En muchos casos, la madre es consciente de ello y se apoya en su marido para que la ayude, si es necesario, a no considerar una vida centrada únicamente en sus hijos. En algunos casos, la inclinación sobreprotectora de la madre, creada por un problema del bebé al nacer o una enfermedad, es contrarrestada en el momento oportuno por la intervención del padre. De forma general, el padre es consciente de que su rol consiste en «separar» moralmente al hijo de su madre. En cambio, en los casos que nos ocupan parece que *nada* pueda poner límites a este famoso instinto maternal.

Sean cuales sean las explicaciones que pueden darse a este fenómeno —y el arsenal teórico de los psicólogos está lleno de ellas—, resulta un hecho insoslayable, fomentado por lo que se denomina la decadencia de la figura paterna, decadencia ratificada por el legislador. Creo que este fenómeno social no hace sino agravar el problema psicológico. Y es que, lo queramos o no, hay puentes entre legislación y palabra del padre, ambiente exterior y vida familiar. Y no todas las madres están apegadas a los valores antiguos para mantener cueste lo que cueste el lugar del padre. No obstante, veamos un ejemplo reciente.

La señora G... tiene muchos problemas con su hijo, que tiene un asma grave y por el que no deja de preocuparse. Ya tiene 16 años, y su hermana, dos años menor, no plantea dificultades. El chico también está bien y se ha beneficiado durante años de una psicoterapia. Pero cuando solicito ver al padre tropiezo con una imposibilidad total. Me describen a este como totalmente contrario a cualquier consulta de este tipo. Por otra parte, no ha acudido ni una sola vez al centro donde hacían el seguimiento de su hijo. Es la madre quien se encarga de todos los papeles y de toda la marcha de la casa. Por ejemplo, hace todas las compras, toma a petición de su marido todas las decisiones y le rellena todos sus cuestionarios administrativos. Es consciente de que desempeña todos los roles, pero el carácter violento de su marido, que ha tenido problemas graves con los vecinos, hace que le resulte imprescindible. En lo que respecta a sus hijos, según ella, hace todo lo posible para presentarles las decisiones como si las hubiesen tomado los dos y cuidar la figura paterna. Dice esta frase: «Los educo sola, pero hago como si los educásemos los dos». Esta actitud, que podría parecer falsa y ser fuente de trastornos graves, al parecer no lo es, lo que es corroborado por la actitud de los hijos.

Por el contrario, algunas madres, en particular en caso de divorcio y sobre todo cuando no lo aceptan, siguen persiguiendo al padre como si fuese el enemigo absoluto, y en algunos casos con la complicidad inconsciente de algunos jueces. Los excesos, cuyo eco nos llega del otro lado del Atlántico, hacen temer a veces su influencia. No sólo lo que dice el ex marido, que sin embargo sigue siendo padre de los hijos —y a veces muy activo—, no cuenta para nada, sino que cualquier palabra agresiva, cualquier amenaza y por supuesto cualquier bofetada ¡se denuncian como malos tratos! Sin embargo, en la mayoría de los casos no se trata de padres brutales o violentos, sino de padres presentes y que reivindican esa presencia junto a sus hijos. Hay en estas mujeres una especie de despecho que casi alcanza el complejo de Medea. Como es sabido, Medea es esa figura de la Antigüedad que mató a sus dos hijos para vengarse de la infidelidad de Jasón, su esposo.

No hace mucho, hice el seguimiento de una familia numerosa que comprendía a seis chicos que se llevaban poco tiempo entre ellos. El padre era una persona tímida y modesta, presentada por su mujer como una especie de dios. Un día, se marchó de forma brusca. A partir de ese día, la madre no paró hasta colocar a todos sus hijos, uno después de otro, al mismo tiempo que se convertía en militante política.

Si el ambiente cultural y la opinión mediatizada de una época influyen, como creo, en la expresión en todas

58

sus formas del inconsciente de los ciudadanos, cabe preguntarse en qué medida la decadencia del poder paterno, conjugada con las exigencias de intervención que se les plantean y las necesidades de la educación, provoca en ellos una impotencia forzosa. Tampoco es imposible que esta impotencia provoque cierta violencia. Y esta violencia manifiesta, como suele ocurrir, sólo es la reacción a la violencia encubierta que se les hace.

La autoridad y la estructura familiar

A pesar de los avances de la ciencia y los de la legislación sobre la adopción (en Estados Unidos por ejemplo), sigue siendo deseable que un niño sea educado por un padre y una madre. No tienen por qué ser los suyos, pero sí dos personas cuyo entendimiento no sea sistemático y cuyo carácter o temperamento sean bastante distintos entre sí. ¿Por qué? Todos los padres que educan solos a sus hijos pueden decirlo. No es sólo una cuestión material, porque el problema del cuidado del niño o el de la presencia junto a un adolescente se les plantea tanto a un padre como a una madre solos que trabajan. El padre solo paliará la ausencia de presencia femenina mediante el recurso a una canguro; la madre sola intentará compensar la ausencia del padre con un profesor particular. Estos ejemplos simplistas hallan en la realidad muchísimas variantes. Demuestran que el progenitor solo ve con claridad que para educar a su hijo necesita una presencia distinta de la suya. En efecto, se siente

59

acaparado por las exigencias del niño y percibe que esta
relación exclusiva no es sana. He hablado de exigencia,
y es que un hijo, sobre todo si es único, desplegará unas
necesidades afectivas que el progenitor no puede negarle. Más tarde, el niño que crece y se convierte en adolescente trata, en el mejor de los casos, de desprenderse de
esta relación demasiado intensa.

Julio tiene 12 años; su madre, maestra, lo ha criado
sola. El padre, militar, se ha vuelto a casar y vive lejos.
Ya no se reconoce en este chico, al que encuentra demasiado mimado con respecto a sus nuevos hijos. Julio
se comporta con su madre como un «marido». La defiende y le da sorpresas, pero no comprende que esta le
reproche sus malas notas. Cuando se quedan a dormir
en casa amigos de su madre, cambia de comportamiento, vuelve a convertirse en un chico de su edad y
está dispuesto a imitar al adulto que quiere a su madre.

Los problemas de disciplina que se plantean a menudo en estas familias monoparentales parecen derivar de
los problemas afectivos de cuya intensidad he hablado.
En este ejemplo, en que el hijo crece con una madre excelente, se observa que la presencia masculina alivia al
hijo —y seguramente a la madre— de un vínculo que se
ha vuelto demasiado estrecho. Por otra parte, este vínculo presenta la particularidad de que ya no se sabe quién
le ha dado origen, quién exige más del otro, quién tiene
más necesidad de cariño: nos hallamos ante una verdadera relación de pareja. Y, sean cuales sean las connota-

ciones de este término, incluso cuando el progenitor tiene conciencia de ello, a los dos protagonistas les cuesta salir de este esquema inducido por la vida en común.

Este ejemplo de familia monoparental nos ayudará a comprender lo que ocurre en una familia normal o recompuesta. ¡Pues bien, ocurre lo mismo! Con la diferencia de que la presencia masculina o femenina es *encarnada* por una persona muy real. A veces esta encarnación no está a la altura del ideal esperado y por eso es, con frecuencia —por ejemplo en las familias recompuestas—, fuente de conflicto. Es la contrapartida de unas expectativas, con lo que estas conllevan de imaginario, y el propio conflicto demuestra la necesidad en el niño de la pareja formada por los padres. Ahora bien, esta pareja debe ser una verdadera pareja en interés del niño. No hay nada peor para el niño que heredar a un padrastro a quien la madre prohíbe toda autoridad, con el pretexto de que «no es su verdadero padre». Del mismo modo, en una familia en la que sólo el mayor era adoptado, he visto a ese niño sufrir porque su padre no lo regañaba como a los demás, y dejó de hacer todas sus travesuras cuando el padre (¡cuyo apellido llevaba!) tomó conciencia de ello. Ya hemos visto que en una familia normal la desautorización de la palabra del padre por parte de la madre es aún más grave, porque esa desautorización no se reconoce: en ese caso resulta preferible el conflicto entre los padres para que el niño pueda establecer sus referencias. En efecto, en algunas familias los dos padres se solidarizan para oponerle al hijo una autoridad que creen sin fisuras. Por el contrario, el hijo percibe esta solidaridad como un muro y la imposibilidad de obtener satisfacción alguna. ¡No! Para que la autoridad de los padres resulte eficaz, no debe ser ni sistemática ni superficial.

Entonces, ¿hay que hablar de jerarquía?

La autoridad sin fisuras del padre, sea quien sea, que han conocido algunos de mis lectores, ¿es mejor que el poder absoluto de la madre tanto sobre su marido como sobre sus hijos? En este caso nos adentramos en una articulación de los ámbitos cultural y psicológico. Una sociedad patriarcal (el primer caso) presentaba algunas comodidades: la presencia discontinua del padre y el afecto compensador de la madre formaban un modelo conforme al complejo de Edipo y a cierta normalización. En el segundo caso, por el contrario, ¡cuesta imaginar hoy en día —y para recuperar el esquema «edípico»— que el hijo tenga ganas de parecerse a un padre sumiso y que la hija pueda desear tener un hijo de un padre así! En realidad es fácil percibir que lo que cuenta para un niño es que sus padres formen una pareja *complementaria* y que uno de los padres considere válida la opinión del otro. Y si alguna vez una madre se escandaliza ante la intervención demasiado brusca del padre, por parecerle que se ha mostrado demasiado autoritario y represivo, es mejor para el niño que su madre parezca avalar una ley un poco arbitraria que oírle descalificar la autoridad de su padre.

Por otra parte, esta complementariedad suele equilibrarse cuando la familia comprende niños y niñas, ya que el entendimiento madre-hija o padre-hijo contrarresta la inclinación por el progenitor de sexo contrario.

Tendemos a olvidar que el poder de la madre sobre su hijo recién nacido es un poder absoluto. Se trata de una realidad, y esta realidad es incluso el modelo de la relación fusional. Es cierto que esta relación evoluciona y que incluso al principio de la vida del bebé la inmensa mayoría de las madres no se encierra en esta simbiosis y se apoya en la presencia del padre. Pero para el inconsciente, este modelo continúa presente en la memoria arcaica, en la que constituye el núcleo de algunos trastornos graves. Esta realidad no debe culpabilizar a las madres que me leen: ¡no son ellas las afectadas por este tipo de relación! Pero hay que tener conciencia de este pasado para comprender mejor los peligros de toda relación fusional.

¿Solidaridad entre los padres?

La solidaridad tiene límites: los del bien del niño. Al margen de esos casos extremos en los que el entendimiento entre los padres se construye a costa del hijo, es importante que él lo sienta solidario, aunque se haya mostrado impulsivo. Papá no debe criticar a mamá en su presencia, y viceversa. Es un signo de buen entendimiento que el niño necesita.

IV

El arte y la forma de prohibir

Vivimos en una época que, como todas las épocas, trata de corregir los errores de la anterior. Además, cada generación renueva esta rectificación de los errores educativos de los que ha sido víctima. Por desgracia, esta corrección o estos intentos no hacen más que producir un movimiento de péndulo caricaturesco, como hizo por ejemplo la generación que siguió a la de Mayo del 68. Estos intentos de corrección sólo son reacciones, pues no tienen en cuenta el inconsciente. Y estas reacciones producen las mismas exageraciones que tratan de corregir. Así, por ejemplo, el *autoritarismo* ha generado el *laxismo*. El autoritarismo, es decir, una autoridad que por definición *no se discute*, da lugar en los padres que lo sufrieron a un laxismo sin *prohibiciones* cuyos efectos son aún más perniciosos. Ambos comportamientos son nocivos porque constituyen acciones no explicadas. El primero porque sustituye la palabra por «las manos largas», que educan al niño como si fuese un animalito. El segundo porque, al contrario, pretende no oponerle nada al niño y en realidad lo deja como esclavo de sus deseos. Al contrario de estos comportamientos, la prohibición es un acto auténtico que empieza a adquirir sentido cuando el niño empieza a caminar y explora el mundo exterior. Protege al niño de los peligros que este todavía no conoce. Y, por lo tanto, no necesita ser elaborado cuando se trata de evitar los peligros relacionados con los enchufes, las placas de la cocina, la ventana abierta o los goznes de las puertas. En estos casos, las explicaciones son sucintas y el aprendizaje elemental. Aunque es necesario explicar, las explicaciones son secundarias y las palabras demuestran sus límites. Sin embargo, también en este caso hay que acompañar estos actos de palabras, pues de lo contrario el niño no asimilará la prohibición que se le impone.

Palabras y actos

Las palabras y los actos deben complementarse de forma incansable en toda educación. Los actos solos crean en el niño unos interrogantes mudos, y lo vuelven, cuando menos, pasivo. Los discursos no seguidos de actos pervierten literalmente la palabra y conducen a una auténtica sordera psicológica en el niño, que toma lo que dicen los adultos por palabras al aire. *Pero el niño necesita experimentar de forma constante la realidad de lo que le enseñan: le hacen falta tanto pruebas como límites.* Necesita comprobar si lo que le dicen los adultos es cierto, y eso es lo que temen los padres, con razón. Si el niño cree que el adulto le miente, ¿qué valor concederá a ese aviso? Por este motivo la mentira del adulto tiene en un niño un efecto absolutamente contrario al resultado esperado y aparece como una maniobra que pretende engañarlo. En realidad, el problema (el único que se plantea) es saber cómo, en qué términos, conseguir que un niño nos entienda. Y es que los niños comprenden muchas más cosas de las que imaginan los adultos. Sencillamente, a estos les cuesta encontrar las palabras para explicarse. También hay que decir que a los adultos les inquieta la idea de perturbar el alma infantil, sobre todo porque a veces los niños se enfrentan a la promiscuidad de la vida colectiva.

Veamos un ejemplo de este tipo de conversación entre adulto y niño y la forma en que puede decirse en la lengua del niño.

> Pablo, de 3 años, es llevado de urgencias a la consulta de pediatría por un insomnio rebelde que adquiere proporciones inquietantes. El pediatra envía el mismo día a la familia a la consulta del psicoanalista, a quien los padres explican, muy inquietos, cómo empezó todo en su opinión. Según ellos, Pablo les sorprendió durante una relación sexual y desde este acontecimiento no ha vuelto a dormir. El psicoanalista traduce entonces a la lengua del niño lo que le han contado sus padres; y, para sorpresa de todos, ¡Pablo se duerme enseguida en los brazos de estos!

Las dificultades para ser obedecidos

Varias razones explican la dificultad para los padres de ser entendidos y, por lo tanto, de ser obedecidos por los niños.

Como hemos visto, se trata ante todo de un problema de lenguaje, pero este problema de lenguaje revela que en realidad cada uno parece vivir en su mundo y que hablar es más difícil que actuar. Cuando digo «hablar», me refiero a hablar de verdad y no a hablar como en la vida cotidiana, donde actos y palabras se diluyen en las costumbres.

La segunda razón son las *divergencias* educativas de los padres. Cuando cada uno tiene un punto de vista que anula el del otro, no es posible transmitirle explicaciones claras al niño.

> Francisco, un niño de 7 años y medio, tiene dos hermanas mayores, una de 20 años nacida de un primer matrimonio del padre y otra de 11 años. La madre, auxiliar de parvulario, no se da cuenta de que lo protege en exceso, aunque reconoce que lo adora. El niño ha tenido algunas dificultades de pronunciación, pero en este momento se desenvuelve bien en el colegio a pesar de una clara lentitud. El padre se queja de que su mujer «le consiente todos los caprichos» y que se ocupa de sus deberes de la mañana a la noche. Le parece que resulta poco peleón para ser un chico y que es particularmente cariñoso. Francisco duerme con la muñeca de su hermana y eso enfurece al padre. Cuando su madre le pregunta, Francisco le responde: «No quiero dejar mi muñeca porque si no, tengo pesadillas. ¡Tienes suerte de dormir con alguien que respira! ¡Me gustaría dormir con alguien!».

Por eso estos padres necesitan visitar a un psicólogo para su hijo. Este podrá comparar los puntos de vista, ¡ambos válidos, puesto que convergen sobre el niño!

Por último, algunos padres se sienten confusamente culpables de obligar a su hijo y creen infligirle una prueba. No asumen su autoridad. El niño no se engaña y no obedece.

Decir y no hacer

La dificultad de decir y la tentación para los padres, sobre todo cuando el niño es pequeño, de suplir esta dificultad mediante las manos, no necesariamente para castigar, es bien ilustrada por la historia de Mario.

> Mario nació en condiciones difíciles. No deseado, fue concebido cuando la madre había dejado la píldora para el tratamiento de una enfermedad grave. Al traerlo al mundo, tuvo un ataque de eclampsia (hipertensión gravídica) por el que estuvo a punto de morir. Para el padre, Mario es sinónimo de angustia. En cuanto supo caminar, y como era muy movido, le impedía de forma constante hacerse daño al correr o cruzar la calle sin mirar. Este comportamiento del padre, seguramente relacionado con la culpabilidad, duró más allá de la edad normal. Así pues, Mario siguió siendo muy temerario y ello no disminuyó con la adolescencia, muy al contrario. Ahora nada puede detenerlo y no conoce límites. Por lo tanto, resulta muy difícil para el padre rectificar toda una educación.

Sin duda, el aprendizaje del riesgo por parte del niño resulta muy difícil para los padres, que deben aceptar que el niño experimente por sí solo. Por otro lado, esto resulta válido en todos los ámbitos y el niño debe aprender sin ellos la soledad, la angustia y el sufrimiento. Algunos padres no lo soportan, pero, como en el caso de Mario, eso no ayuda al niño, pues no adquiere de forma correcta los mecanismos que hacen que cada individuo encuentre en sí mismo unas defensas complejas contra los riesgos y azares de la vida. En realidad, este aprendizaje es una «conducción acompañada», el niño puede hablar de él y sus padres están ahí para escucharlo, pero también deben aprender a dejarle suficiente autonomía. Ahora bien, esta autonomía debe ser adquirida, e incluso conquistada, por el niño: los padres deben *explicar*, repetir los riesgos que acepta si hace esto o aquello. A continuación, el niño se da cuenta por sí mismo de lo que ha afirmado el adulto, lo que le servirá de prueba a través de la realidad. Cuando el niño mete de pronto los dedos en un enchufe, el primer reflejo de los padres consiste en darle un golpecito en los dedos. Luego hay que explicarle el peligro, y es esta prohibición, ahora *formulada*, lo que los padres deben castigar si el niño la transgrede. Por supuesto, esto resulta válido para todas las actividades, y es deseable que los riesgos estén en lo posible a la altura de lo que puede soportar la edad del niño. Este método puede extenderse a todo lo que se refiere a la educación.

Un ejemplo es el caso del *niño que muerde*. Por supuesto, no hay nada peor que una madre que le muerde a su vez para castigarlo y demostrarle al mismo tiempo, según cree, la gravedad de su acto. Es la antigua ley del Talión: «Ojo por ojo y diente por diente», sin duda un avance con respecto a una venganza arbitraria, ¡aunque la ley ha evolucionado! Si queremos que el niño se convierta en un ser humano, es preferible pasar por el lenguaje. En efecto, sin lenguaje articulado nos quedamos en un mundo animal provisto de cierto «lenguaje» rudimentario y comportamental. Quedarse en este lenguaje puede crear malentendidos —un signo puede equivaler a otro— y llevar a un verdadero adiestramiento que deja todo el espacio a las cosas no dichas, es decir, a un sentido oculto, sobreentendido, que hay que adivinar. De este tipo de cosas no dichas se quejan, con razón, las personas que reflexionan sobre su infancia y tratan de comprender su pasado gracias al psicoanálisis.

¿Hay que seguirle el juego al masoquismo?

El sadismo es la satisfacción que se encuentra en la dominación e incluso el sufrimiento del otro. Por el contrario, el masoquismo inclina a ser objeto del otro, aunque haya que sufrir. Estas tendencias existen de forma más o menos intensa en todo individuo, y pueden volverse complementarias en algunas parejas. Por lo general sólo se tienen en cuenta cuando son exageradas, hasta el punto de que incluso su lado positivo está mal visto. Ello no impide que existan, muy al contrario. Se observan aspectos deformados de ellas: algunos niños provocan los castigos corporales; eso les hace sentir menos culpables, e incluso hay momentos en los que les provoca un placer secreto. Hay adolescentes que desafían a la autoridad o incluso a sus compañeros, con el objetivo también oculto de ser vapuleados. Se trata de una satisfacción arcaica, aunque presente a veces en el adulto. Así, es normal que el adulto ejerza un dominio, un control sobre el niño, que se tranquiliza al comprender que el adulto es más fuerte que él y que se pone un límite a una transgresión que le angustia. Así, cuando la angustia se expresa de forma brutal, desordenada, con una cólera que parece desbocada, el simple hecho de controlar al niño sujetándole las manos y acompañando este gesto de palabras tranquilizadoras puede calmarlo.

Muchos niños bien educados que parecen normales y felices atestiguan en sus juegos un gusto desmesurado por la maldad y el placer del castigo. En cuanto se les propone jugar con animales pequeños, los hacen pelearse entre sí, maltratan a los más débiles con ayuda de los más fuertes y parecen alegrarse de todo lo que sucede. Lo mismo ocurre con las marionetas: todos los niños se estremecen con una mezcla de placer y miedo cuando el bueno vapulea al malo. Mejor aún: cuando se les propone a los niños que representen lo que ocurre en el colegio y el adulto acepta ocupar el lugar del pequeño alumno, le pegan y castigan mucho —no «de verdad», por supuesto—, cuando el maestro verdadero no se atrevería a tocarles a sus alumnos un pelo de la ropa. Mónica, preadolescente (capítulo 2), no para hasta que recibe una corrección de su padre y se muestra manifiestamente aliviada después.

¿Cómo comprender todo esto? Comencemos por lo más sencillo: el sentimiento de ser culpable. No se trata de culpabilidad, pues la culpabilidad es una noción jurídica que debe ser establecida por unos magistrados para ser apreciada a continuación por otro magistrado o por un jurado. En los procesos, la voz del fiscal y la del abogado ofrecen un buen ejemplo de la ambivalencia que atormenta a cada individuo que ha cometido una falta. El sentimiento de culpabilidad es algo así: unas voces interiores hablan a favor o en contra de uno mismo. El sentimiento de culpabilidad es difícil de soportar, y el castigo corporal es lo más fácil de aplicar para un alivio inmediato. Algunos niños o adultos se «castigan a sí mismos», por ejemplo hiriéndose después de una mala acción.

Sin embargo, si el castigo corporal resulta tan eficaz se debe también a que el sentimiento de culpabilidad no tiene medida o, mejor dicho, es siempre superior a la falta real.

Durante una sesión de psicodrama, interpreto el papel de un niño con su maestro. «Cometo» una falta en una suma (falta: ¡otra palabra cargada de sentido!). De forma inmediata, el «maestro» interpretado por el niño me castiga enviándome al rincón, en definitiva, infligiéndome un castigo desproporcionado.

Otro ejemplo. Cuando unos adolescentes han cometido una fechoría que hay que reparar y se les pregunta qué castigo merece esta falta en su opinión, siempre sorprende la importancia de este castigo, en todos los casos mucho más importante que aquel en el que pensábamos.

73

Algunos niños parecen incluso buscar el castigo, pero en tal caso es difícil tener en cuenta la participación del adulto.

Jaime tiene graves dificultades con la ortografía. Es muy inteligente y vive en un ambiente acomodado. Su padre no conoció a su propio padre. Es hijo natural, y su madre siempre le ocultó su origen, hasta el día en que su progenitor, con quien se encontró en la ciudad, le declaró: «¿Sabes? ¡Yo soy tu padre!». Al padre de Jaime le da vergüenza y finge que su padre ha muerto. Desde que era muy pequeño, Jaime tiene problemas de lentitud. Desde luego, es lento para escribir, pero también para vestirse, para comer, etc. Con su padre, al que imita, tiene establecida una relación de oposición sonriente pero feroz. Este se irrita y a veces le pega tan fuerte que la madre habla de malos tratos. Además, Jaime es muy maniático. En cuanto pudo expresarse no soportaba ir sucio, ¡y su madre le cambiaba los pañales hasta cuarenta veces al día! Le pusieron en el orinal demasiado pronto, antes de caminar. En este momento es la lentitud lo que más nervioso pone a su padre, que lo trata de «lelo» pero se siente culpable de su violencia. La madre de Jaime, que parece protegerlo constantemente de esta violencia, tampoco se queda atrás. El otro día decidió pegarle en las pantorrillas con una varilla. Y con la complicidad del niño da unos golpes cada vez más fuertes, ¡contabilizados a demanda!

La historia de cada uno de estos progenitores explica sus dificultades para imponerle reglas a su hijo: se muestran o bien demasiado blandos o bien demasiado violentos. Pero el niño también reacciona ante este sistema. Sin embargo, la forma insidiosa de oponerse a su padre se vuelve contra él, y se entra en el círculo vicioso de la agresividad y la culpabilidad. Ahora bien, a pesar de su comportamiento, los padres son cálidos pero incapaces de manifestarlo. Por consiguiente, escucharlos y ser testigo, a ser posible imparcial, de la vida familiar los ayudará a ellos y a su hijo Jaime —que es tratado con psicodrama individual— a traducir su comportamiento en palabras que tengan valor de intercambio. Y este intercambio de lenguaje será considerado de forma progresiva por todos los protagonistas superior al intercambio anterior, que se limitaba a unos mensajes cargados de afectividad pero mudos.

El padre, por ejemplo, es un hombre criado por una madre sola a la que describe como exigente y autoritaria. Como sucede a veces en esta situación, pudo tener dificultades para virilizarse. Por el contrario, se ha vuelto muy masculino e incluso «macho». No soporta ver a su hijo mimado por su madre. Seguramente teme que ello le acarree cierta feminización, puesto que cuando está enfadado dice: «Tengo que hacerme a la idea de que Jaime es una niña». Y, aunque le tiene mucho apego, no se atreve a mostrarle su cariño y sentárselo en el regazo, por ejemplo.

Todos contribuían a este clima de relaciones: la madre, con sus dificultades para hablarle, y el propio Jaime con su lentitud, único medio del que disponía para expresar su agresividad, pues le faltaban las palabras. Es la falta de palabras lo que induce de forma inevitable la intervención de la fuerza física. Por ello, hay que tener ganas de eliminar esta necesidad para comunicarse de otra forma.

¿A quién se castiga?

Lo que empuja al niño a cometer la falta suele ser la angustia de los padres. Esta angustia los ciega; temen que su hijo no aprenda en clase, que esté mal educado, que no encuentre trabajo más tarde. No se dan cuenta de que esta angustia, que es contagiosa, bloqueará al niño y tendrá el efecto contrario al esperado. Así pues, al haber alcanzado sus límites sólo pueden forzar las cosas, obligar al niño con amenazas, castigos o golpes, e incluso con la astucia.

Como los padres de Jaime se habían dado cuenta de que su hijo hacía de forma sistemática lo contrario de lo que se le ordenaba, habían adoptado la estrategia (arriesgada) de ordenarle lo contrario de lo que querían que hiciese. Por ejemplo, le decían: «¡No te comas eso!»... para que se lo comiese.

Sin embargo, aunque el niño en general tiene una tendencia casi natural a desobedecer, aunque sólo sea «para ver qué pasa», también tiene una tendencia igual de natural a obedecer y a tratar de adaptarse a lo que desean los adultos. A veces, incluso, el niño se prohíbe a sí mismo muchas más cosas que los padres, y este comportamiento les preocupa con razón.

Alejandro es el mayor de tres chicos. Es bastante bajo y sus padres lo llevan al pediatra para que le haga un seguimiento. Es encantador, pero muy introvertido y tímido. Él también es lento, le cuesta dormirse por la noche y despertarse por la mañana. En el colegio, han observado que sus compañeros lo molestan, pero no se había atrevido a decirlo. En cuanto intervinieron sus padres cesó todo. No se siente triste, pero lo parece. Es perfeccionista y meticuloso. Sobre todo considera que es su obligación dar ejemplo a sus hermanos. Considerado un modelo por sus padres, asume esta función más allá de sus esperanzas. Es cierto que no delata a sus hermanos cuando hacen travesuras, pero eso le hace sufrir personalmente y trata de hacerles entrar en razón. Cuando le dan dinero para sus gastos se preocupa de no gastarlo todo aunque pueda hacerlo. En definitiva, como dice la expresión, es «más papista que el papa» y los padres, divertidos al principio, se preguntan qué deben hacer.

En este caso, la prohibición ha ido más allá de su objetivo. El niño es mucho más severo consigo mismo que sus padres. Esta conducta traduce un principio de organización patológica de la personalidad. El problema puede ser reversible si se trata a tiempo, y Alejandro pudo recuperar bastante pronto una actitud más normal para un niño de su edad. Sin embargo, resulta interesante constatar que este tipo de actitud no aparece de forma especial en hijos de padres severos. Muy al contrario, y ello debería hacernos reflexionar. En efecto, a menudo, *cuando los padres no son bastante severos, el hijo se castiga a sí mismo*. Para ser más exactos, sobre todo cuando los padres muestran admiración por el hijo, a menudo el preferido de la madre, este se controla a sí mismo en cierto modo. Da la impresión de que el niño reinventa el rol del padre, rol que desempeña tanto para sí mismo como para los demás.

¿Por qué les cuesta a los padres prohibir y castigar?

¿Cómo castigar cuando la prohibición está superada? ¿Cómo prohibir si el niño no lo necesita? Todo es cuestión de medida. Hoy en día vemos a pocos niños cuyos padres sean demasiado severos y, como es sabido, los padres maltratadores no suelen consultar. En cambio, vivimos un periodo en el que todo se centra en el niño, su bienestar físico y moral, también su futuro y el temible desempleo. Pero el niño necesita no sólo prohibición sino también castigo. Por otra parte, ambas cosas van de la mano y el castigo deriva de la prohibición. Tengo costumbre de decir que toda educación se basa en el chantaje: si no haces esto, no tendrás lo otro. Pero también, y sobre todo, en el chantaje afectivo: si no me obedeces, te arriesgas (resulta implícito) a perder mi cariño. Esta es la razón esencial por la que el niño tiene el deseo de obedecer e incluso de adelantarse a las órdenes de sus padres, y ello hasta el momento en que la adolescencia le obliga a cambiar su visión. ¡Los niños tienen incluso tanta necesidad y tantas ganas de obedecer que cabe preguntarse por qué no se responde más a esta necesidad!

En realidad, la explicación es relativamente sencilla. Al prohibir, y sobre todo al castigar, el padre teme a veces que el niño deje de quererle. Así, puede decirse que quien prohíbe algo a otro se prohíbe también algo a sí mismo. Por ello, se comprende mejor por qué les cuesta tanto a algunos padres actuar con rigor. Es que temen que los efectos del castigo se conviertan en su propio castigo.

> El Sr. X... acaba de abandonar el domicilio conyugal después de un largo periodo de depresión y mutismo. En realidad, todo sigue como si no se hubiese marchado, porque acude a cenar todas las noches, y el más pequeño de los dos niños, Ramón, de 4 años y medio, no está informado de esa marcha. Ramón se muestra agresivo con su madre, le pega y se comporta como un bebé. El padre llora cuando habla de sus hijos. Me dice que «tiene miedo de ser rechazado por Ramón» porque se ha ocupado menos de él que del mayor.

Pero los padres no sólo temen la pérdida de amor por parte del niño. También les asusta abandonar el pedestal en el que les ha puesto el niño y parecer vulgares a sus ojos. Les preocupa sobre todo la idea de no ser ya «buenos» padres y que sus hijos puedan reprochárselo más tarde, como ellos mismos se lo reprochan a sus propios padres.

El niño necesita unos padres que le dirijan. Le angustia tener que elegir, tanto si debe hacerlo entre la pasta o el puré como entre hacer o no una actividad. Ningún niño reprocha nunca a sus padres que lo hayan obligado a aprender música, aunque no siempre lo haya hecho a gusto. Hasta cierta edad, el niño necesita que decidan por él.

El ejemplo de Gandhi

Al modificar o bien al creer que modifican la educación que han recibido, los padres no se dan cuenta de dos fenómenos. En primer lugar, que tratan de reparar los efectos de esa educación que les afecta a ellos mismos mucho más que a su hijo. Pero también que producen, sin querer, unos efectos inversos no menos nocivos.

El padre de Luis es un señor bonachón y amable que ejerce un oficio tradicionalmente represivo. Él mismo está desprovisto de toda agresividad. Cuando habla de su padre, es para decir que no se podía discutir su autoridad pero que lo admiraba mucho. Habla de él con emoción. Cuando Luis le planta cara con sus tres años y le provoca con insolencia, cree volver a ver... a su propio padre y se siente desarmado por completo, aunque también admira semejantes agallas. Las agallas que no ha podido tener él mismo. Su mujer, también muy comprensiva, piensa que exagera.

El padre de Antonio (capítulo 3) también tiene muchos problemas para hacerse respetar. Su hijo se muestra caprichoso y luego mimoso. Le obliga a levantar la voz, pero este hombre se declara «poco partidario de las zurras». Se reconoce en este hijo aunque su educación fue muy distinta: por ejemplo, su madre le hacía comidas para él solo (eran seis). En cambio, su padre se mostraba muy severo, aunque le horrorizaban los conflictos y enfrentamientos. Cuando su hijo —el padre de Antonio— se enfadaba, ¡le daba viejos diccionarios para romper! Un día que estuvo a punto de estrangular a un compañero que lo provocaba, su padre no lo castigó; lo obligó a pedir disculpas.

Las zurras por sí solas no bastan, pero se comprende también, gracias a este último caso, que las palabras solas, sin contrapartida represiva, pueden tener un efecto pernicioso y no ser suficientes para prohibir. La agresividad del padre de Antonio no tenía otro sentido para su padre que el de un comportamiento animal: se le calma con los diccionarios como se le daría un medicamento. Sin embargo, esta agresividad normal tiene que poder volverse contra alguien, alguien que la reconozca, la acepte y la canalice. Esta transformación sólo puede hacerse si pasa por la persona del padre, que se hace cargo de esta agresividad, ¡por ejemplo prohibiéndole a su hijo que sea el ojito derecho de su madre! Actualmente tememos lo que se denomina la frustración, pero no nos damos cuenta de que la frustración es hija de las gratificaciones, y en particular de la liberalidad materna. Y esta liberalidad no puede ser continua; tiene que cesar en un momento dado. Pero si nadie —pienso en el padre— ha intervenido antes para poner límites, es la propia madre la que estará obligada a hacerlo. Y el niño lleva mal que la persona que da sea también la que niega. Eso es lo que determina la frustración, ante la que el niño reacciona con llantos, ataques de ira o incluso verdaderos accesos de violencia.

La madre también debe aceptar no ser amada, pero con dos diferencias. En realidad, si acepta la intervención de un tercero seguirá siendo la persona amada, y la agresividad podrá dirigirse contra el tercero que prohíbe. Los roles de los padres no son intercambiables y se pueden ver ventajas considerables en esta asimetría, que se puede llevar aún más lejos. Y es que en realidad, si la madre se vuelve hacia el padre, no es para dejar de amar a su hijo, es porque necesita a su marido, lo que es muy distinto y alivia al niño. Toda relación fuerte, pasional, es coercitiva y puede incluso suscitar momentos de hostilidad cuando uno se siente atrapado por la dependencia. Salvando las distancias, es en cierto modo lo que puede sucederle al niño sometido a un afecto demasiado grande de uno de los padres.

Lo importante, tanto para el padre como para la madre, es la convicción de que se actúa así para el bien del niño. Esta convicción es especialmente evidente cuando tienen entre sí una relación de confianza muy fuerte, en definitiva, cuando se aman de verdad. El niño se siente tranquilizado ante este entendimiento, aunque en cierto modo —y que se me perdone la expresión— se establezca a costa de él. El niño también debe estar convencido de que las decisiones tomadas no lo son contra él sino para él. ¿Qué hacer, dirán los lectores, si esta convicción no existe? O bien la prohibición es injusta, o bien el niño no es capaz de entenderla. En este último caso, le corresponde al progenitor explicar sus razones e incluso mostrar sus propios límites y lo que no puede aceptar de su hijo. Es lo que le sucedió a Mahatma Gandhi[3] cuando vivía en comunidad en Sudáfrica. Dos de los internos acababan de cometer «una falta grave contra la moral». No dice cuál. Abandona de inmediato su trabajo y acude en tren al lugar. Durante el trayecto, considera que es a él a quien le incumbe la responsabilidad de este acto, pues los culpables no tienen conciencia alguna de su gravedad. Por ello, decide imponerse a sí mismo la penitencia y someterse a un ayuno de siete días, ¡seguido de una limitación a una comida al día durante cuatro meses y medio! Esta decisión, añade, «afligió a mi entorno, pero el ambiente se saneó y cada cual pudo tomar conciencia de la gravedad del pecado».

Esta lección es interesante por más de un motivo, y dejaré concluir a Gandhi, quien piensa que es imposible imponerle a otro lo que uno mismo es incapaz de respetar. O también que no es posible enseñarle a otro a dominarse si uno mismo no es capaz de hacerlo.

---

3. Gandhi, *Tous les hommes sont frères*, Folio Essais, pág. 70.

¿Hay que negociar?

Sí, si es necesario, pero hasta cierto punto. No le corresponde al niño dirigir la negociación ni hacerle chantaje al progenitor. Hay que saber detener la negociación.

Si el adulto está seguro de sí mismo, el niño parará pronto al percibir que no hay gran cosa que obtener. En cambio, si nota que el adulto duda, sentirá la tentación de ensanchar la brecha.

¿Hay que explicar las prohibiciones?

Sí, pero las explicaciones no deben ser justificaciones sin fin. A veces no hay nada que explicar. Y un niño sabrá siempre señalar las lógicas contradicciones de sus padres. Puede que eso demuestre su inteligencia, pero no legitima en ningún caso que haya que acceder.

Cómo sancionar

Como se pueda, pero a ser posible de forma inteligente. Por ejemplo, hacerle *reparar* una travesura (limpiar, pagar, hacer una tarea de interés familiar), o también hacerle responsable pidiéndole que elija entre privación de salida o de televisión.

Evitar la humillación de la reprimenda y la sanción en público. Es un asunto entre el niño y el adulto. No hay ninguna necesidad de tomar como testigos a terceros, niños o adultos.

En cuanto a los *castigos corporales*, resulta evidente que no son la solución. Está claro que es preferible pasar por la palabra y encontrar una sanción que tenga sentido. Pero es preferible una bofetada, a veces un tanto precipitada, que una perjudicial ausencia de reacción. Una bofetada que ha marcado que se había alcanzado el límite no es un maltrato. Lo que en cambio resulta muy tóxico es la puesta en escena del castigo corporal.

Por último, *aplicar la sanción prevista*. Si se levanta, debe acompañarse de una explicación. Y es que no poner en práctica lo que se ha anunciado equivale a desacreditarse para las próximas veces.

Hasta dónde asumir los efectos de los castigos

En ocasiones el niño castigado tiene una rabieta, grita o da portazos (varía según la edad). Estas manifestaciones a veces impresionantes pretenden hacer que se sienta culpable, sobre todo si su reacción ha sido impulsiva. Hay que saber asumirlo y mantener la calma, sobre todo si cree que ha sido justo.

¿Se puede rectificar una negativa?

En algunos casos, al reflexionar se cambia de opinión sobre una negativa. Rectificar la decisión puede ser pertinente, ya que una rigidez excesiva es perjudicial, pero hay que explicar este cambio: todo el mundo puede equivocarse, y evolucionar es un signo de apertura. Rectificar una negativa dando simplemente la impresión de que se ha cambiado de opinión puede hacerle creer al niño que los padres han cedido al desgaste, que el «no» es elástico, y animarle a discutir todas las decisiones.

V

¿Y la sexualidad?

Un capítulo sobre la sexualidad puede parecer paradójico en un libro dedicado a las dificultades que tienen los padres para decir no al niño. En efecto, sean cuales sean las repercusiones de la revolución freudiana, el niño no tiene sexualidad adulta, y en la adolescencia resulta difícil ver lo que hay que prohibir desde la aparición de los métodos anticonceptivos y las campañas relacionadas con el sida. Sin embargo, la sexualidad infantil estaba reconocida antes de Freud, e incluso bajo su batuta, la masturbación se consideraba en general nociva. La represión sexual que marcó el siglo XIX ha dado lugar a curiosos comportamientos en los padres actuales, como si la propia sexualidad infantil no estuviese, *también*, sometida a la represión pero sí a la prohibición.

Los padres actuales

No hace tanto tiempo, el comportamiento de los padres con respecto a la masturbación constituía una obsesión enfermiza. Aún recuerdo testimonios que ahora dan risa: algunos padres, por ejemplo, le ponían a su hijo por la noche unas grandes manoplas con la obligación de mantener las manos encima de las sábanas. Otros ataban las muñecas del hijo a los barrotes de la cama, y el colmo es que este ofrecía dócilmente las manos. La amenaza de castración tampoco está tan alejada en la memoria colectiva. Algunas madres blandían el cuchillo del pan como amenaza contra las «malas costumbres»; otras, más evolucionadas, invocaban al médico o al cirujano. De forma curiosa, el abandono de estos hábitos no ha atenuado en el inconsciente el temor a esta amenaza. Cabe pensar que tiene una función organizadora, puesto que, por otra parte, el sucedáneo que representa la circuncisión es una práctica ritual, religiosa o cultural bien anclada en algunos pueblos.

Por supuesto, cabe preguntarse qué temores podrían conjurarse con esta amenaza y esta represión. Si el onanismo —como se le llamaba— se consideraba responsable de gran cantidad de enfermedades cuya lista figuraba en obras científicas, se creía que también originaba gravísimas enfermedades mentales. Pero detrás de estos temores persisten otros que se relacionan con la propia sexualidad. La masturbación es una práctica solitaria que elimina temporalmente la necesidad del otro. Para los padres existe ahí un peligro imaginario considerable. Y es cierto que esta práctica, causa para unos y consecuencia para otros, acompaña algunas angustias.

Pero hay más. Aunque actualmente la sexualidad infantil tiene derecho al reconocimiento, aunque no se niega la existencia de las zonas erógenas, el vínculo de esta «sexualidad» rudimentaria y parcial con la vida psíquica del niño resulta difícil de aceptar para los padres. Aunque sean «abiertos» e instruidos, aunque conozcan y reconozcan la existencia de las fases oral, anal o genital, les cuesta ver en estas manifestaciones del bebé o del niño un placer intencionado. No sólo es comprensible, sino que además es mejor así. En primer lugar porque la vida psíquica del niño le pertenece, y en segundo lugar porque esta vida psíquica es inconsciente y debe protegerse contra toda intrusión por parte del adulto. Por desgracia, la difusión de conceptos psicológicos tiene a menudo el efecto de permitir a los padres entrar en el jardín secreto del niño, cuyas palabras o comportamientos se prestan a interpretaciones salvajes. Actualmente se habla mucho de abusos sexuales y de maltratos físicos, pero las palabras devastadoras también son graves. Ahora bien, siempre van juntos y los abusos sexuales se rodean de forma constante de cosas que no se dicen, de un silencio emparentado con estos estragos verbales. Por todas esas razones y otras, cuando los padres son también psicoanalistas, en cuanto perciben cierto sufrimiento en las palabras de su hijo lo confían a un colega. Ello les permite continuar su tarea educativa, que consiste sobre todo en darle al niño deseos de hacer progresos, es decir, de abandonar unos placeres infantiles regresivos por unos placeres intelectuales y afectivos considerados superiores a aquellos.

Los mimos

Françoise Dolto dijo, con toda la razón, que todo progreso en el niño, todo acceso a una etapa superior, es fruto de una prohibición (yo traduzco así su expresión de «castración simbolígena»). Y es que el niño, que también siente placer, puede experimentar sensaciones que no puede controlar. Al adulto le corresponde acompañarle poniendo límites en el momento idóneo. Pongamos un ejemplo sencillo: los mimos. No conviene prolongarlos demasiado ni interrumpirlos de forma brusca, como veremos en el ejemplo siguiente:

> Adrián sigue subiéndose a las rodillas de su madre a los 11 años. Es muy cariñoso y tiene una intensa relación con ella. Un día, de forma brusca, la madre, seguramente al tomar conciencia repentina del placer sexual que él experimenta con estas manifestaciones de cariño, lo deja en el suelo declarando: «Ya eres mayor, ¡se acabó!». Adrián, que no tenía conciencia de ese placer, o lo consideraba «normal», estuvo traumatizado durante muchos años sin entender por qué.

Este ejemplo ilustra a la perfección lo que yo llamo diferencia entre represión y prohibición. Al contrario de la represión, que prohíbe de forma brutal, la prohibición explica antes de que las emociones adquieran las proporciones que acabamos de describir. La prohibición exige del adulto que no tenga miedo de la sexualidad del niño y que tampoco la favorezca de forma inconveniente. En este sentido, la prohibición (bien llamada) afecta tanto al hijo como al progenitor. También este, sin frustración, tiene que saber poner fin a unos comportamientos que son necesarios antes e incluso imprescindibles para toda relación afectiva, pero que deben terminar de forma natural un día u otro.

La masturbación

Esta actividad puede adoptar formas muy diversas. Volvamos brevemente a la «nocividad» de la masturbación. El autoerotismo es normal en el niño pequeño que descubre su cuerpo y su sexo. Se le puede decir sencillamente que del mismo modo que no se exhibe el sexo, tampoco se toca delante de las demás personas. Su atención se desvía hacia otras actividades en torno a los 5 o 6 años. Si bien las supuestas consecuencias médicas o psiquiátricas han sido eliminadas por los avances científicos, no deja de ser cierto que las enfermedades mentales, sobre todo cuando conllevan (por desgracia aún actualmente) encierro y promiscuidad, se acompañan casi siempre en los niños y adolescentes de conductas masturbatorias cuyo carácter regresivo y compensador aparecerá de inmediato. Este rasgo no acompaña sólo las enfermedades mentales graves; también se observa en casos en los que predomina en el niño la sensación de abandono y soledad, justificada o no. Veamos el caso de Sofía:

Sofía, de 4 años y medio, nació de una unión libre después de un primer matrimonio durante el cual la madre tuvo dos hijas, de 15 y 13 años de edad. Sofía tiene problemas de comunicación con los demás niños. Durante su embarazo, la madre tuvo una depresión, pues, según dice, «tenía la impresión de esperarla sola». En el parto, Sofía tuvo problemas cardiacos y hubo que reanimarla, ya que tenía una malformación que se redujo por sí sola en diez días. La alimentaron con sonda y no recibió su primer biberón hasta que tenía un mes. De los tres a los seis meses, no soportaba salir de la casa y se provocaba el vómito. Cuando era muy pequeña, estaba siempre agitada y se arrojaba sobre los bebés para darles besos. Su madre, aún deprimida desde el parto, tomaba medicación, y Sofía se movía sin parar. El padre, aunque divorciado, sigue estando presente y pretende no tener problemas con ella. No obstante, exasperado por su inestabilidad, la amenazó de forma escalofriante. Cuenta que conoció a la madre de Sofía cuando él no se encontraba bien, y que cuando Sofía aún era muy pequeña su mujer lo echó de casa. Ella se marchó al extranjero y cuando volvió la pequeña ni siquiera pedía de comer y se masturbaba sin cesar. Ello corresponde a un periodo de rechazo de alimento durante el cual hubo que hospitalizarla. La masturbación continuó durante algún tiempo, pero se atenuó de forma considerable para desaparecer por completo después de varias entrevistas: la niña visita a una psicóloga a la que aprecia mucho y llora cuando tiene que faltar a una sesión.

En este tipo de autoerotismo claramente reparador y verdadera medicación, no conviene intervenir con una prohibición, ya que las entrevistas colman enseguida la carencia afectiva al permitir expresarla, y ello conlleva la desaparición de un comportamiento inquietante.

Un médico escolar me llama un día con urgencia para indicarme el caso de una niña cuyo comportamiento inquieta y escandaliza al mismo tiempo a la maestra. En efecto, Sonia se masturba en clase de forma tan evidente que los adultos no saben qué decir y se sienten molestos ante los demás alumnos. La maestra de preescolar dudó antes de llamar al médico escolar, pero ya no puede más y reclama una medida de urgencia. Durante esta consulta, en la que se ha hablado de problemas familiares, Sonia ha podido hablar y todo ha vuelto a la normalidad, sin que haya sido necesario hablar ni una sola vez de sexualidad o de masturbación.

Este caso resulta ejemplar, ya que, mejor que en el ejemplo de Sofía, muestra el carácter accesorio y calmante de este comportamiento, que en cambio puede exigir a veces una actitud más intervencionista. En este caso, basta explicarle al niño o a la niña que puede hacer lo que quiera con su cuerpo cuando esté solo, pero que no puede hacer eso delante de todo el mundo. Esta actitud del adulto sólo debe adoptarse cuando se han agotado las demás pistas.

Ello nos lleva a un tipo muy distinto de masturbación que forma parte de una conducta global, exhibicionista y ligada a otros problemas.

Vicente, de 14 años, tiene una madre alcohólica que, al salir de su tratamiento de desintoxicación, decidió separarse de su marido. Goza de plena complicidad con su madre, le cuenta todas sus aventuras femeninas, sus «porros» y los trapicheos que tienen lugar alrededor del instituto. Ella se preocupa cuando le ve con el aire vago y los ojos rojos, y no puede evitar registrar su habitación. Aunque es partidaria del diálogo hasta la complicidad más sospechosa, le preocupa esta escalada. Por supuesto, se ha dado cuenta de que Vicente se masturba mucho, ¡porque encuentra camisetas empapadas en esperma!

Nos hallamos en este caso ante una complicidad madre-hijo cercana a una intimidad que cabe calificar de incestuosa. Aquí la prohibición le falta tanto a la madre como al hijo, y el padre, lejano, parece del todo ausente del debate. Por ello, durante muchas semanas será necesario ayudar a esta madre a liberarse de su complicidad afectiva sin tomar medidas radicales. No obstante, hay que añadir que en este caso la ayuda de una medida educativa jurídica resultó muy útil para poner límites a este chico que sufría una desescolarización progresiva.

Como puede verse, la masturbación *ostentatoria*, muy distinta de la masturbación adolescente ordinaria, está lejos de ser un comportamiento unívoco. Según la forma en que se presenta, claramente exhibicionista en nuestros ejemplos, requiere por parte del adulto unas actitudes muy matizadas. Y a este respecto me impresiona de forma positiva la discreción de las madres que, actualmente, y en el delicado caso en que el padre está ausente, por ejemplo, son reacias a abordar este problema directamente con su hijo y se dirigen a un tercero.

El niño, ¿perverso polimorfo?

¿Qué quiere decir esta expresión, que ha entrado prácticamente en el lenguaje corriente desde que Freud habló de ella? No significa que el niño sea perverso en el sentido de una anomalía caracterial, sino que el niño experimenta múltiples placeres corporales calificados por Freud de «sexuales» en el sentido amplio del término, pero que por supuesto aún no son genitales. Ya casi nadie en la actualidad se extraña de que se le pueda dar un sentido erótico a la succión o incluso a la retención de las heces por parte del niño, incluso antes de que la pubertad venga a otorgar su hegemonía normal a las partes genitales. Es simplemente eso lo que se ha calificado de «perversión polimorfa», y el propio éxito de esta expresión parece convertirla en una verdad. Por ello, ahora no sólo se tiende a considerar normal lo que era escandaloso hace cincuenta años, sino que se le da a esta sexualidad infantil un sentido sexual adulto que no tiene.

95

La historia siguiente parecerá inverosímil. Si la cuento de todos modos es porque ilumina de forma impresionante mis palabras y porque he podido comprobarla. Por supuesto, respetaré no sólo el secreto profesional sino también la imprescindible discreción. Juan tiene 6 años. Está en preescolar. Sus padres están muy implicados en movimientos asociativos de ayuda humanitaria y a menudo están ausentes. Juan es el menor de cinco hermanos y a menudo invita a compañeros de clase a dormir a su casa. Recientemente uno de ellos se ha quejado de que le reclamaba una felación y, ante su negativa, le proponía una. Al parecer, no pudieron dormir en toda la noche. Otros padres se han quejado de los mismos hechos. Los padres de Juan reaccionan riéndose: son niños, dicen, y el propio Freud declaró al niño «perverso polimorfo». Según ellos, todo eso no tiene ninguna importancia. Lo que tal vez no sepan es que eso ocurre en su casa entre los mayores y los pequeños, y que esta ausencia total de supuesta frustración provoca en Juan un sufrimiento que le parece infligido sin motivo por el otro, su compañero de clase. Cabe temer el tipo de carácter que ello puede inducir más tarde en él, sin hablar de perversión posterior, poco probable a pesar de este contexto.

Este increíble ejemplo exige un comentario. La ausencia de reacción de los padres en este caso, lejos de ser permisiva y desculpabilizadora como creen, representa al contrario una fuente de sufrimiento en este niño que no tiene prohibiciones. En efecto, ello equivale a reconocer en estas manifestaciones sexuales un carácter adulto que adquieren efectivamente porque no existe ningún límite impuesto al placer. Esta actitud equivale de forma paradójica a negar de un modo sutil la noción misma de sexualidad infantil al transformar un placer parcial y lúdico en sexualidad relacional. Pero el niño necesita este periodo protegido que es la infancia, durante el cual puede construir su personalidad al abrigo de los adultos.

Siempre me acordaré de ese niño de 11 años que acababa de tener su primera polución nocturna, la cual marcaba su entrada en la pubertad. Como parecía triste, le pregunté por qué y me respondió: «¡Tengo la impresión de no haber aprovechado lo suficiente mi infancia!».

Aprovechar la infancia es ser protegido de la sexualidad adulta y, antes de la pubertad, esta protección debe ser ofrecida por los padres contra el exterior, pero también en cierto modo contra uno mismo. Los padres deben hallar las palabras para explicarle al hijo que lo que ahora se le prohíbe podrá encontrarlo y escogerlo más tarde. A veces, tal vez les cuesta a los padres saber cómo deben reaccionar ante ciertos comportamientos. Es lo que hemos visto en el capítulo 2, cuando Guillermo le pregunta a su padre el origen de la ley de prohibición del incesto. Es cierto que, como este origen es sobre todo cultural, esta ley parece a la vez evidente y difícil de explicar. Por ello, hay que saber decirle al niño que hay reglas que nos imponen los demás, que por lo tanto vienen del exterior y que debemos respetarlas si vivimos en sociedad. En algunos casos podemos decirle al niño que «¡Es así y ya está!», que de momento no necesita explicación.

La prohibición del incesto

Un ejemplo tal vez muestre a los padres cómo explicarle a un niño la necesidad de esta prohibición. Este ejemplo procede de una película ya relativamente antigua, pero que provocó un escándalo en su época. Se trata de *La Luna*, película de Bertolucci (1979).

> En esta película, se ve a una madre y un hijo adolescente que viven una relación cuya proximidad se ve facilitada por la ausencia del padre. El adolescente está indiscutiblemente enamorado de esa madre cantante, atractiva y seductora. La realidad del acto incestuoso se presenta de forma hábil y parece verosímil. En efecto, el adolescente llega a drogarse y la angustia de la madre culmina en un momento de «locura», durante el cual masturba a su hijo. Aunque el hijo no parece perturbado por ese acto, veremos que resultará destructor. El adolescente adquiere al principio cierta seguridad en sí mismo después de este acto. Disfruta del poder que al parecer ha conquistado así. Pero su madre se ve obligada a volver a ser madre y a prohibirle algo. En ese momento se produce el drama, ¡porque no soporta que su amante sea también su madre!

98

Este caso resulta extremo, pero demuestra que la complacencia de los padres siempre tiene repercusiones. Tampoco hay que creer que esta prohibición del incesto sólo se transgrede en ciertos casos patológicos y monstruosos. Aunque es cierto que en sus formas patentes esta prohibición es afortunadamente respetada por la inmensa mayoría de los padres, su necesidad se deja sentir a veces en el comportamiento cotidiano, a través de las reglas de la vida en común.

Conocí a Juan María cuando tenía 8 años. Tenía graves problemas escolares en segundo de primaria. Fue concebido por casualidad, dice la madre, que a pesar de vivir sola quiso tenerlo. El padre no lo ve casi nunca, ya que ha estado encarcelado muchas veces, pero le escribe de vez en cuando. Juan María tiene un lenguaje muy adulto, considera a la maestra «retrasada» y dice que «el director del colegio cree que se chotea de ellos (sic), pero no es verdad». Dice que tiene problemas de falta de atención y que piensa en su madre. Esta madre, que ha tenido una depresión y acude a psicoterapia, tiene muchas dificultades para educar a Juan María, a quien se confía como si fuese un amigo. Vuelve a consultarme cuando Juan María tiene 11 años y se queja de que la llama «señora», lo que la pone fuera de sí. Le falta al respeto desde que su última pareja la dejó. Le ha explicado todo lo relacionado con la pubertad. Esta vez, Juan María me dice con un tono un tanto afectado: «Por favor, hágale entender a mi madre que no tiene que pasearse desnuda delante de mí!».

Así, no es raro que sea el propio hijo el que formule este tipo de prohibición a sus padres.

Manuel tiene 9 años. Sus padres son muy jóvenes y lo colman de regalos, seguramente para sentirse menos culpables, ya que trabajan muchísimo y lo dejan solo a menudo. Con frecuencia, el padre, un apasionado del fútbol, ve partidos en televisión en la sala de estar, que es, al mismo tiempo, la habitación de matrimonio. La madre de Manuel tiene sueño y va a acostarse a la habitación, a la cama de Manuel. Es él quien durante un psicodrama (y no en la realidad) le prohíbe a su «madre», interpretada por una psicóloga, que venga a su cama.

Aunque no se trate de sexualidad genital sino de exhibicionismo, el niño percibe a veces en el comportamiento de los padres un contenido incestuoso que le incomoda. Esta incomodidad puede ser consciente, aunque su motivo no lo sea. También puede ser inconsciente y repercutir en el desarrollo intelectual. Es lo que se observa muchas veces en caso de *incesto fraternal*, por ejemplo.

Carolina acude a clases de repaso a los 13 años. Está muy bloqueada en el ámbito escolar, cuando sus test muestran una inteligencia normal. En psicoterapia se muestra prácticamente muda y se irrita cuando se le pregunta demasiado. Acepta dibujar si yo hago con ella la mitad del dibujo. Al cabo de muchos meses de psicoterapia, le propongo unas sesiones de psicodrama individual que dirijo y durante las cuales podrá interpretar diversos papeles con psicólogos. Estas sesiones también resultan pobres, hasta el día en que interpreta el papel de su hermano mayor. Este es el enunciado de la escena: «Los padres están ausentes. Carolina y su hermano están solos en casa». Al principio de la escena, el hermano mayor (interpretado por Carolina) corre las cortinas «para que estemos tranquilos y podamos jugar a papás y a mamás». En realidad, Carolina había sufrido durante años abusos de este hermano y sólo pudo expresarlos a través de esta técnica, gracias a la cual se pone al niño en una situación que le permite hablar.

Se sabe que los casos de incesto entre hermanos son tan frecuentes como mudos. Entran en el marco de una intimidación posibilitada en las familias donde la circulación de la palabra es inadecuada y los niños se comunican poco con los padres. Son impuestos y, por lo tanto, asimilables a maltratos, por lo que no son sólo casos de incesto. Por ello, son muy distintos tanto de los juegos sexuales sin importancia entre niños de la misma edad como del incesto entre hermanos consentido que, después de la pubertad, adquiere otros aspectos.

Sólo veré una vez a José Luis, de 18 años, que vino a verme por su propia iniciativa por problemas graves, dice. Tiene el aspecto sombrío e inquietante de alguien que vive en otro mundo. Luego, bastante deprisa, con aire de desafío, me cuenta que desde hace varios años mantiene relaciones sexuales con su hermana, dieciocho meses menor. «¿Sabe? Coqueteo con la muerte», dice al terminar.

Este muchacho no se daba cuenta de que se aplicaba por sí solo el severo juicio que merecía a sus ojos ciegos el acto del que casi presumía. En este caso, cabe pensar que la participación de la hermana también es activa y corresponde a una ausencia de prohibición familiar. Por ello, la responsabilidad no es tan deliberada como podría creerse. Al contrario, podría pensarse que la responsabilidad del niño pequeño que sufre la acción es nula, pero sería razonar sin tener en cuenta el inconsciente:

Mari Carmen, una niña de unos 10 años, me cuenta que se cruza en la escalera con un señor que le habla. Ella le sonríe y responde, porque es coqueta. No sospecha nada cuando este la acaricia, y se siente tan intrigada y curiosa que sólo se dará cuenta demasiado tarde, con lágrimas de rabia, de lo que ha pasado. No se trata de su imaginación, sino de algo muy real que la ha traumatizado de verdad. Tomo nota de ello diciéndole que a su curiosidad, al fin y al cabo normal, le ha respondido el equivalente a una violación. Ella me interrumpe diciéndome que, si no tiene ninguna responsabilidad en lo que ha ocurrido, ¡ya no tiene nada que decirme!

De la misma forma, el niño víctima puede ser totalmente incomprendido por los adultos si no puede hablar de su propia participación. Así, he conocido varios casos en los que los niños que habían denunciado lo que les había ocurrido, no sin inquietud ni sentimiento de culpabilidad, se han escandalizado *a destiempo* por la magnitud de la represión que se abatía sobre el culpable. Por supuesto, todos los casos son distintos; van de la sorpresa total del niño por el exhibicionismo hasta la relación adulta consentida, pero la tendencia actual general a denunciar y hacer que se denuncie al o a los culpables puede llevar a un desconocimiento de lo que yo llamo la participación de la víctima y de lo que esta tiene que decir.

En un internado, un muchacho solía ser maltratado por los demás, que lo amenazaban con mucha frecuencia. Las denuncias y los castigos reiterados a los culpables no servían de nada. Este comportamiento repetitivo continuaba sin cambios. Hasta el día en que el educador sorprendió al joven con los pantalones bajados, mientras los demás, que acababan de amenazarle, salían corriendo. Esta vez, el educador, escandalizado, tuvo una reacción muy distinta: montó en cólera y le ordenó al joven que no obedeciese a ese tipo de intimidación. El resultado fue definitivo. El día que el educador le preguntó cómo había conseguido negarse por fin, el muchacho le respondió: «Porque usted me *obligó* a hacerme respetar».

La sexualidad infantil no es la sexualidad adulta

La vida infantil, crisol de la vida en sociedad, impone unas normas tanto a los adultos como a los niños. Es cierto que en apariencia no son las mismas. En cualquier caso, como decía Gandhi, necesitan que quien las aplica las cumpla a su vez. Este cumplimiento no es sólo formal o factual; también debe ser espiritual y esencial. Por otra parte, los dos aspectos están relacionados, y quien respeta la forma sin respetar el fondo traiciona lo que dice con su comportamiento y provoca un verdadero desconcierto en el niño. De todas formas, tampoco hay que exagerar y convertir al niño en su propio censor. Ello sucede con mayor frecuencia de lo que se cree, y algunos niños llegan, por ejemplo, a esconder los paquetes de tabaco por temor a que su padre o su madre «cojan cáncer». Por otra parte, esta tendencia va acentuándose con los avances de la ecología, ya que el niño es ecologista por naturaleza.

Además, la vida familiar tiende cada vez más a girar en torno a los niños. Ello tampoco es forzosamente bueno ni para los niños ni para los adultos: sus vidas no tienen el mismo ritmo, y algunos niños se sienten encantados cuando sus padres salen solos y juntos. Esta evolución, de forma casual o no, va de la mano con el aumento de las separaciones conyugales, y son las familias «recompuestas» las que aportan a menudo una distancia útil entre padres e hijos. Esta distancia también es necesaria para que los padres puedan imponerles a los hijos unas reglas útiles. Por fortuna, no hay democracia familiar. En familia, no todo el mundo es igual, y hay que saber aceptar y respetar esta desigualdad natural.

El ámbito de la sexualidad ilustra muy bien esta observación. La sexualidad infantil, aunque se reconozca como tal, *no es* la sexualidad adulta. Para hacerse adulto, esta sexualidad necesita barreras. Más que ningún otro ámbito, la sexualidad es relación; incluso debe aliarse con la más importante de las relaciones, es decir, el amor. Pero esta alianza no es automática, y en algunos adultos los dos aspectos están separados casi por completo, lo que genera un gran sufrimiento. Esta alianza sólo puede llevarse a cabo gracias a una pareja de padres lo bastante *unida* para que el niño tenga ganas de imitarla, lo bastante *distinta* para que la diferencia pueda influir en su posterior elección amorosa, lo bastante *distante* de él para que la separación pueda efectuarse de forma progresiva.

Cómo reaccionar ante los «juegos prohibidos»

El deseo de los niños de jugar con su sexo y el del otro es normal. Pero estos juegos pertenecen al orden de la transgresión. Y los niños lo intuyen, puesto que se esconden. Los adultos no tienen que permitírselos y aún menos animarlos. Si un niño habla de ello, es porque está angustiado. No resulta procedente regañarlo o castigarlo, ya que ello tendría el efecto de impedir la comunicación en lo sucesivo, cuando hay que preservarla absolutamente. Sin embargo, hay que decirle que:

— su sexo sólo le pertenece a él. Nadie, ni niño, ni adulto, tiene derecho a tocarlo o incluso a mirarlo si él no quiere. Por eso no nos exhibimos desnudos;
— los niños tienen ganas de imitar a los adultos, «de hacer como los mayores». Pero su cuerpo no está preparado. Hay que esperar a tener la edad y un cuerpo de adulto. Antes, no les gusta como a los adultos y, por el contrario, puede perturbarles.

VI

La separación de los padres y la autoridad

Un sondeo publicado en *Le Figaro Magazine* el 4 de mayo de 1996 daba, acerca de las ideas sobre el matrimonio entre los jóvenes,[4] unas cifras que resultan un tanto contradictorias.

Aunque el matrimonio sigue siendo para la mayoría de jóvenes una institución necesaria (50 %), que desean para sí mismos (59 %), que «consagra un amor» (55 %) y obliga a la fidelidad (88 %), en cambio estos mismos jóvenes piensan también que la ley no debe establecer diferencias entre las parejas casadas y no casadas (66 %), que si aún no están casados es porque son demasiado jóvenes (el 67 % de los jóvenes no casados, que forman el 95 % de la muestra) y, sobre todo, que la cualidad esencial del matrimonio consiste en ser «una unión que puede disolverse por simple acuerdo de las dos partes» (57 %).

---

4. Entre 500 chicos y chicas de 15 a 24 años.

La ruptura de la pareja y la imagen paternal

Si reflexionamos acerca de estos resultados, nos daremos cuenta de que son paradójicos por las contradicciones de la mente humana. En efecto, afortunadamente el ser humano aspira a un ideal que, por definición, no puede alcanzar, pero cede con facilidad ante el principio de realidad. Si el objetivo es elevado y su realización imposible, en definitiva es la realidad la que vence. Pero ¿qué realidad es esta? Resultaría ingenuo considerarla sólo desde un punto de vista materialista. Es cierto que las dificultades de la vida moderna, el trabajo de las madres fuera de casa, la duración de los transportes, etc., contribuyen a reducir el tiempo reservado a la vida familiar, hasta el punto de que algunos padres sólo ven a sus hijos el fin de semana, ya que por la noche vuelven tarde a casa y los niños están acostados. Podría pensarse que esta precariedad refuerza el vínculo de la pareja formada por los padres y aumenta el valor de los momentos pasados en común, pero no siempre es así. A menudo, las obligaciones materiales favorecen un «encierro» de la pareja, que trata de preservar los pocos momentos de vida en común en torno a los hijos, en detrimento de su propia vida. Y esta realidad «psicológica», que se impone no menos que la otra, contribuye en gran medida a esa «solución», en el sentido casi químico del término, que es la separación. Solución factual ante un malestar no menos concreto, aunque por supuesto entra en juego el arsenal de los sentimientos, afectos, tormentos y juramentos. Este juicio tal vez parezca paradójico: ¿sería, pues, el entorno el motor del tipo de relaciones que adop-

108

tan las parejas? Sí y no. Hoy en día, en nuestra sociedad, factores psicológicos y factores materiales se alían contra la individualidad y favorecen la alianza dual. No hay que confundir vida de familia, en el sentido amplio del término, y vida de pareja. La familia patriarcal tradicional, extensa y que incluía a los abuelos, e incluso a los colaterales, ha desaparecido prácticamente de nuestras sociedades occidentales. Ahora bien, no debemos creer que esa vida de familia ampliada unía a las parejas que participaban de ella. Muy al contrario, la ampliación del horizonte estrictamente familiar, la distribución de las tareas materiales y, en definitiva, la diversidad que conllevaba le permitían al individuo expandirse mucho más que en una relación dual. Por eso aventuro aquí la hipótesis de que la reducción de la familia a la pareja genera la ruptura de esa pareja. Y, en mi opinión, esta ruptura va de la mano con la decadencia de la imagen paternal.

Trataré de justificarme brevemente. Creo que el ideal de exclusividad e incluso de fidelidad en la relación, que encontramos en el citado sondeo, es más «femenino» que «masculino», si aún tienen sentido estos términos.[5] Como hemos visto, la relación dual se construye sobre el modelo de la relación madre-hijo. Es cierto que representa el ejemplo de una relación fuerte y sólida, pero también el peligro de la sofocación si no se abre al exterior. Si miramos a nuestro alrededor, vemos que es esta la relación que tiende a predominar actualmente, tanto en el ámbito político como en el económico. En este senti-

5. Véase E. Badinter, *XY, de l'identité masculine*, Odile Jacob, 1992.

do, realidad psicológica y realidad material encuentran ahí una especie de analogía cuyos perjuicios culminan en la familia actual. La única solución que han encontrado las parejas modernas es una solución material: la separación. Y esta solución se extiende incluso a los ambientes que de forma tradicional habían respondido en otro plano, espiritual e incluso intelectual, a los inconvenientes del cara a cara dual. La consecuencia de todo ello es un verdadero abismo entre el corazón y la razón. Por un lado, el ideal persiste, se exacerba y se aleja; por el otro, lo concreto recupera sus derechos, extiende su ámbito, afirma su tiranía. El amor vota, pero el dinero gobierna.

No obstante, el niño, producto del amor, a pesar de la separación de los padres, sigue encarnando el ideal, un ideal del que a menudo es el último refugio. Por eso los padres se separan pero, a pesar de sus diferencias, pretenden proteger al niño y conservar con respecto a él la unidad anterior. Sin embargo, no hay una razón objetiva para que la separación resuelva el problema del niño, como tampoco el de los padres. Al contrario, aunque tal vez sea un bien, la separación revela, saca a la luz problemas de autoridad antes latentes. Por este motivo muchas parejas separadas se ven empujadas a replantearse el entendimiento que habían mantenido por el bien de los hijos.

Entendimiento amistoso

El entendimiento más o menos bueno de los padres, cualquiera que sea su naturaleza, afecta de forma forzosa al problema de la educación de los hijos. Algunos padres, que además permanecen juntos, ¡llegan incluso a acusar a sus hijos de ser la causa de su falta de entendimiento! El niño paga entonces el precio de la paz de la pareja. Y es que, en realidad, el niño nunca es responsable de las discusiones de sus padres o, si lo es, se debe a que ellos no se ponen de acuerdo sobre el castigo que deben aplicarle o sobre las respuestas que deben dar a sus preguntas. Por lo general, el niño divide a sus padres. Una relación de tres, e incluso esta relación tan anodina, crea de forma obligada situaciones en las que uno de los tres se siente excluido. Casi siempre se trata del hijo. Por fortuna, ya que esta exclusión lo tranquiliza. Le permite mantenerse durante el tiempo necesario en la infancia, y aunque piense que se casará con mamá (papá), eso será más tarde. Dicho sea de paso, ¡el número de niños convencidos de que este acontecimiento llegará algún día hace pensar que el cónyuge no se interpone! Por supuesto, incluyendo el caso de los niños pequeños. La cuestión es que esta separación de sus padres que trata de efectuar el niño es alentada de forma inconsciente por la otra parte. Y todo sucede como si los sentimientos que se atribuyen al niño hacia sus padres fuesen muy inducidos por los de los padres hacia el niño. Por ello, no resulta exagerado hablar de relación de tres. ¿Quién no ha notado los celos de un padre al nacer un hijo? Estos celos son racionalizados, es decir, su carácter afectivo se reduce a que la mujer es menos *mujer* cuando se convierte en madre. Por otra parte, algunas madres reaccionan mal ante el entendimiento de su hija adolescente con su padre, sobre todo si las relaciones son tensas entre ellas.

Como las separaciones se producen a menudo en este ambiente de conflictos en los que el niño participa de forma activa o pasiva, no afectan sólo a los padres. La separación efectiva no cambia en nada estos conflictos; al contrario, muchas veces los envenena. E incluso en el caso más favorable, es decir, aquel en el que los padres tratan de dejar a los hijos de lado, mientras se comprometen a adoptar decisiones comunes y acuden juntos a ver a los profesores o a consultar al psicólogo.

Pedro, de 9 años, viene con su madre por problemas de comportamiento. Los padres están divorciados y el padre vive en casa de sus propios padres. Pedro ya se ha sometido a numerosas reeducaciones (psicomotricidad, ortofonía) y no sabe muy bien por qué acude a la consulta del psiquiatra infantil. Está dispuesto a hacer todo lo que quiera su madre. En el colegio no va demasiado bien, pero la situación tampoco es catastrófica. Sí, a menudo está en la luna. La madre expone un panorama muy negativo: le parece que tiene reacciones extrañas, que duda sin cesar. Por ejemplo, no sabe si tiene que besar o no a las personas. También está un poco acosado, me dice. Le reprocha a su marido, a quien no obstante sigue viendo, una verdadera crueldad mental contra él. Ha llegado a darle a leer a Pedro sus capitulaciones matrimoniales. Además, el padre se ha opuesto a esta consulta al psiquiatra. Explica las llamadas telefónicas y afirma que existe un clima de miedo en la casa donde vive con sus dos hijos, puesto que Pedro tiene una hermana de 6 años. Decido ver durante más tiempo a esta madre. Hace poco les dijo a sus hijos: «Me veré obligada a contaros todos los secretos que papá me ha dicho que calle». Uno de esos secretos es que los abuelos paternos de los niños se niegan a que su hijo se quede durante las vacaciones con Pedro y su hermana. También les ha hecho participar en la separación preguntándoles si en su opinión era mejor que se divorciase y añadió: «Por supuesto, me sentiría muy desgraciada si dejase de teneros, pero sólo quiero vuestra felicidad, y si decidís marcharos con vuestro padre os dejaré hacerlo». Pedro copia a su padre y se da cuenta de ello. Como para demostrar que es efectivamente él quien necesita ayuda, añade: «Habla de su ángel de la guarda, pero a veces también de una bestia que tiene dentro». En realidad, Pedro está sencillamente angustiado por la situación en la que lo ponen. Está harto de que le pregunten como si fuese el oráculo, el vidente o el psicólogo de su madre.

Este ejemplo plantea una vez más el problema de todas esas separaciones que en realidad no lo son. Es cierto que hay una separación material, pero no hay separación moral. Uno de los padres (e incluso los dos) no ha renunciado de verdad al otro y conserva con él (ella) una relación patológica de la que el niño es soporte y pretexto. Por otra parte, este es el motivo de que esos niños no comprendan el motivo del divorcio y consideren irse a vivir tanto a casa del uno como del otro. Además, perciben unas órdenes tan contradictorias que, para protegerse, aprueban siempre lo que hace el progenitor con el que están. Por este motivo, preguntarles con quién quieren irse a vivir, es decir, en definitiva, a quién prefieren, les angustia. No obstante, algunos llegan a decir que rechazan con todas sus fuerzas la separación de sus padres.

Jorge, un muchacho de 17 años, da pena de ver. Pide ayuda entre sollozos porque no soporta la separación de sus padres. Estos siguen entendiéndose bien, pero sólo su padre ha vuelto a casarse; por otra parte, se entiende muy bien con su madrastra. Le habría gustado irse a vivir a casa de su padre, pero no puede abandonar a su madre. Cuando está en casa de él piensa en ella, y viceversa. En realidad, dice que no puede «dejar a su madre sola». En efecto, percibe que su madre está deprimida y teme hacerle daño al abandonarla, aunque sea imaginario.

No cabe duda de que algunos niños, convencidos de provenir a partes iguales de cada uno de los padres, viven el divorcio como si los cortasen por la mitad. Este los obliga de forma artificial a tomar conciencia de su individualidad, y cabe preguntarse si esta operación no habría sido necesaria un día u otro. De todos modos, esta prueba resulta dolorosa y hay que acompañarla. Otros niños, por el contrario, desean la separación y lo dicen.

Celia, de 9 años, es la menor de tres hijas. Sus hermanas son mucho mayores que ella, y a ella la concibieron para «salvar el matrimonio». Los padres trabajan juntos en la empresa que creó el marido. Discuten sin parar por todo y por Celia. Esta sufre un bloqueo escolar que la madre, antigua maestra, no soporta. Rechaza las intervenciones de su marido, que a su vez «no soporta el tono de su mujer cuando ayuda a su hija a hacer los deberes». La niña le declara un día a su madre: «Me quieres menos que a mis hermanas porque soy la última. Ojalá no hubiera nacido». Sufre una otitis tras otra y ha habido que ponerle un audífono porque oía mal. La madre no soporta que su marido tenga un miedo constante a ser dominado. Cada cual va a consultar a un psiquiatra, se separan, vuelven a vivir juntos. Celia dice en tono impaciente: «Prefiero que se separen en lugar de oírles discutir».

La familia recompuesta y la autoridad del tercero

Si algunos niños soportan relativamente bien el divorcio y hablan de él entre ellos en el colegio, es porque están equilibrados y se dan cuenta de la fragilidad de los vínculos amorosos. A menudo comparan los amores de los adultos con los suyos y reconocen la dificultad de una relación estable. La vida amorosa infantil es muy rica, y el niño aprende muy pronto el sufrimiento de ser preferido a otro. Otros niños, al contrario, sufren el divorcio aún más porque este se complica y antes habían padecido el desacuerdo de los padres. En este caso, cabe esperar que la separación de los padres permita introducir una mediación en la querella dual. Esta mediación es a veces una compensación a esta vivencia dolorosa porque introduce a un tercero. Este tercero puede ser el mediador propiamente dicho, el juez de menores, el médico o el asistente social. Sin embargo, también puede tratarse de la nueva pareja cuando esta se hace oír por la madre o el padre.

La movida historia familiar de Carolina explicará bien mis palabras. Carolina ha vivido hasta los dos años con sus dos padres. De los dos a los ocho años, está sola con su madre, que a continuación se casa con un funcionario internacional. Por lo tanto, Carolina acompaña a su madre a Bruselas hasta la edad de 12 años. Luego vive en Niza con su padre, que se ha vuelto a casar, y después vuelve con su madre sola. A los 13 años, Carolina está en primero de ESO y le cuesta mucho trabajar porque no se encuentra demasiado bien. Ya no tiene amigos aquí en París y los únicos que cuentan están en Bruselas; les escribe de vez en cuando, pero su mente sigue allí. Por la noche sueña con fantasmas que van y vienen para mezclarse con su familia: son gentes venidas del espacio de las que trata de huir. Necesita hablar con alguien, pero cuando quiere confiarse a una religiosa en el internado sus compañeras la avisan: no te fíes, se lo cuenta todo a todo el mundo. En realidad, tenía una excelente relación con el marido de su madre en Bruselas. Esos años fueron para ella como un bonito sueño. Su madre estaba feliz, alegre, ella invitaba a sus amigos a merendar. Recuerda con mucha emoción las salidas con su padrastro. También

116

tiene una buena relación con su padre, pero no llega a recuperar con él la complicidad que tenía con el padrastro. ¡Dice que no puede hablar con él sin que su madrastra los escuche! El regreso a casa de su madre y la vida entre las dos le han provocado una forma de depresión que ha ocasionado un verdadero hundimiento escolar.

Gracias a este ejemplo se comprende que el niño necesita a dos personas para construir su personalidad, pero a dos personas con las que tenga una relación especial. Se comprende también que el divorcio no es forzosamente perturbador *en sí*. Sí lo es el repliegue del progenitor que vive solo con el niño.

Miguel, de 11 años y en quinto de primaria, tenía 7 años cuando su madre se separó de su padre. Entonces dijo: «Soy el más desgraciado de los niños; ¿y tú, mamá, eres feliz de verdad?». Desde entonces se ha recuperado de la marcha de su padre y dice que es muy feliz así: ¡ya no hay papá! Da la impresión de ser un rey que reina sobre su madre, su tía y su abuela materna. El problema es que Miguel ya no hace nada en clase. El curso pasado se volcó mucho con un maestro severo. Un día, este le castigó de una forma que a Miguel le pareció injustificada. La madre intervino, quitándole la razón al maestro y decidiendo por sí sola cambiar a su hijo de colegio. El chico no llega a entender por qué no trabaja en clase. En efecto, no hay dificultades de concentración ni problemas para ponerse a trabajar. Quiere que le hagan trabajar.

Mariana, de 15 años, está en cuarto de ESO. La señora R... la tuvo con un negro que no la reconoció, seguramente porque ya estaba casado. Mariana es una muchacha muy guapa que acaba de intentar suicidarse. Reconstruyo con ella lo que la ha llevado a esta situación. Tiene un amigo de la infancia de origen marroquí que estuvo en primaria en la misma clase que ella, con su madre como profesora. Tras una estancia de un año en el extranjero, ella se da cuenta de que está enamorada de él. Por su parte, Karim experimenta hacia ella un sentimiento de amistad un tanto ambivalente. En efecto, Mariana «se le pega» demasiado, cosa que él no soporta. Tiene un año y medio más que Mariana y ha tenido relaciones sexuales con ella, aunque al mismo tiempo también con otras compañeras. El otro día, le dijo en un impulso de cólera que era «una inútil». Mariana no durmió en toda la noche y al amanecer ingirió el tubo de somníferos de su madre. Al hablar, toma conciencia de la forma en que ha «acosado» a Karim. Seguramente representaba para ella un ideal que había alimentado en silencio. Es más que probable que este ideal fuese parte de la imagen que ella se había hecho de su padre. Ello explica su angustia cuando el que encarnaba a sus ojos este ideal la rechazó de forma brutal.

Estos dos ejemplos demuestran que algunos divorcios o separaciones pueden provocar en el cónyuge que no ha vivido el duelo de esta relación, y que, por tanto, no puede buscar a una nueva pareja, una relación exclusiva con el hijo, a menudo único, que se queda solo con él (ella). Por supuesto, en la mayoría de los casos esta relación no es consciente, ni para el niño ni para el progenitor, que intenta en vano escapar de esta situación. Ahora bien, los perjuicios de una autoridad, aunque sea «suave», concentrada en una sola persona se dejan sentir no en problemas de disciplina —lo que tal vez sería menos grave— sino en *síntomas* del niño o del adolescente.

> Vanesa, niña de 10 años cuyos padres están separados prácticamente desde que nació, quiere visitar a «médicos que la hagan hablar». Y añade: «Como no veo mucho a mi papá, no sirve de nada que me guarde eso para mí».

Vanesa tiene razón. En todos los casos en los que la relación rota deja en el cónyuge o el niño algo que *no puede digerirse,* es preferible establecer una nueva relación, pero esta vez con un terapeuta, es decir, una relación artificial que permita analizar todo lo que se «ponía», sin saberlo, en la anterior y real relación.

¿Filiación genética o filiación psicológica?

En la gran mayoría de los casos, no se plantea la distinción entre una filiación genética y una filiación «psicológica», por la sencilla razón de que hay un solo padre. Pero los problemas planteados por la adopción o las familias recompuestas nos llevan a preguntarnos si, incluso en las familias normales, no convendría formularse preguntas. La filiación genética se traduce en el reparto de los patrimonios paterno y materno en el embrión. Como es sabido, sólo aparecerán ciertos caracteres genéticos, mientras que otros permanecen en estado latente. Si bien el color de los ojos o los rasgos de la cara constituyen marcas de fábrica fáciles de identificar, otras, como el carácter o las dotes artísticas, pueden ser discutibles. La filiación psicológica acompaña o no a la biología. Está marcada por lo que recibe el nombre de *identificación*, que equivale para el niño a apropiarse de determinada particularidad de sus ascendientes. Resulta difícil, por no decir imposible, establecer la parte de lo que es psicológico con respecto a lo orgánico, pero el peso de lo que es adquirido parece dominar a veces sobre lo que es innato en el ser humano.

David es un niño adoptado a la edad de 7 meses. Ambos padres son médicos y la madre estuvo muy marcada por un padre militar cuya personalidad imponía a todo el mundo. La adopción nunca le ha planteado problemas a David, que por lo tanto ha llevado siempre el apellido de su padre adoptivo, ¡e incluso se le parece! Su escolaridad no se desarrolla demasiado mal, pero no tiene ningún interés por la medicina. A los dieciocho años, decide alistarse en el ejército y obtiene un resultado brillante en el examen de entrada de una escuela de suboficiales. Su madre está encantada: tiene el gen militar, les dice a sus amigos.

El ejemplo de Silvia, aunque es distinto, pertenece al mismo orden:

Silvia, de 10 años, sufre dolorosamente el divorcio de sus padres. Estos son de ambiente y origen muy distintos. Su madre es francesa e intelectual; el abuelo materno es profesor universitario. Su padre, de origen tunecino, no tuvo estudios. Se le parece mucho físicamente. La madre lleva muy mal el divorcio, que no ha aceptado. La soledad le pesa tanto que vuelve a vivir en un piso cercano al de sus padres. Su padre la acompaña en sus gestiones y la ayuda mucho. Acompaña a Silvia a sus sesiones de psicoterapia. La madre, que también está en tratamiento, confiesa: «Para Silvia, su padre es su abuelo. Lo quiere mucho, trabaja muy bien en clase y toca el violín como él».

Los problemas de divorcio pesan mucho en las cuestiones de apego o de identificación en relación con la autoridad de los padres. En efecto, aunque parece normal que esta sea ejercida por los ascendientes legítimos o naturales en el plano legal, el divorcio introduce forzosamente un cambio en las *condiciones* de este ejercicio. Y este cambio produce una ruptura entre lo que es de orden afectivo y lo que es de orden legal. A veces esta ruptura es superada con los hechos. En cambio, en caso de conflicto es muy difícil, incluso para los expertos cuando el juez recurre a ellos, saber dónde se halla el bien del niño, el cual consistiría precisamente en asociar apego y autoridad y hacer que viva con el progenitor al que obedece por amor. Pero si esto ya resulta difícil para los niños cuya filiación se conoce perfectamente, ¿qué decir de aquellos para los que se plantea este problema en el ámbito legal? ¿Y en qué legitimidad biológica, afectiva o jurídica puede basarse la justicia?

Veamos el caso de Vadim, el niño de los tres padres. Vadim, de 7 años, está en primer curso de primaria y es objeto de un encarnizado conflicto. Hoy en día vive con su madre, que ha vuelto a casarse. Ha sido educado por su padrastro, Pedro, con quien su madre ha vivido muchos años. Su padre legal, Felipe, que lo reconoció cuando vivía con su madre, ha obtenido un derecho de visita desde su separación. Pero la madre de Vadim sabe muy bien que Felipe no es el padre de Vadim: en la época en que lo tuvo, ya no se entendía en absoluto con él. Durante el proceso de divorcio, ella pide un peritaje que demuestra efectivamente la paternidad de otro hombre, Juan Carlos. Cuando el estudio biológico de paternidad se basaba en el estudio de los grupos sanguíneos, sólo era posible rechazar pero no afirmar una paternidad. Ahora, y sólo a petición de la justicia, es posible conocer el «código genético», que identifica al padre con un 98 % de seguridad. Ahora bien, las visitas a casa de Felipe, a quien Vadim llamó durante mucho tiempo «papá», son una permanente fuente de conflicto. Además, Vadim vuelve llorando a casa de su madre y no sabe decir por qué. Esta solicita al juez que se le retire a Felipe el derecho de visita. Después del *shock* de la revelación de su no paternidad, Felipe renuncia a ir a buscar a Vadim, pero no por ello abandona la disputa judicial. Al parecer, Vadim no sufre por la ausencia de esas visitas. Al contrario, va mejor, se siente menos confuso, menos perdido desde que puede hablar con un especialista, en cuya consulta hace dibujos que muestran a dos animales prehistóricos en pleno enfrentamiento. Trabaja mejor en el colegio, pero espera con inquietud la próxima sentencia.

Autoridad, afectividad, padre y madre

¿Quién puede representar la autoridad paterna en el caso de Vadim? No cabe duda de que la persona importante es su madre. Ella tiene las claves del poder y Vadim lo sabe bien. Pero esta madre tiene perfecta conciencia de que esta aparente omnipotencia más bien le incomoda. Y pide consejo con mucha seriedad y emoción. Como no es una madre abusiva, se apoya en su marido, y este es, por tanto, el personaje paternal que cuenta para Vadim. Eso no significa que Vadim no obedeciese a Felipe. Muy al contrario, sabiendo que los adultos son personas complicadas, se habría guardado mucho de oponerse a un señor que era tan amable con él y le hacía bonitos regalos. En cuanto a Juan Carlos, le conoce, sin saber con exactitud cuál es su función en su existencia, pero este, que ha mantenido unas relaciones amistosas con la madre de Vadim, no reivindica nada. Vadim sabe en cierto modo que su padre es aquel a quien su madre escucha y que desempeñará para él el rol simbólico del padre.

A pesar de ser complicada, la situación de Vadim lo es menos que la de algunos hijos de familias, recompuestas o no, donde la separación de los padres mantiene una separación perjudicial entre la autoridad y la afectividad. En primer lugar, porque algunos padres, por ejemplo, al ver a su hijo sólo una vez cada quince días, abandonan prácticamente su rol frustrante y educativo en beneficio, si se me admite la expresión, de un rol de abuelito. Por ello, la madre se ve obligada a desempeñar todos los roles a la vez. En otros casos, por el contrario, es el padre quien se muestra como el malo de la película, lo que a la larga lleva a suprimir las visitas y a alejarlo de forma definitiva de la vida del niño. Las situaciones se complican aún más cuando los padres vuelven a casarse o viven con alguien. Entonces es el padrastro o la madrastra quien impide que todo marche bien. Ahora bien, el niño no es más heroico que el adulto. Tiende a aprovecharse de la situación y a dejarse llevar por la opción más cómoda, incluso en propio perjuicio, cuando por ejemplo estropea su escolaridad. No obstante, a veces aprueba la función de quien se ocupa de prohibir, ya que siente que lo necesita.

Juan Francisco, de 13 años, viene a la consulta con su padre y su madrastra, que lo ha criado desde los 3 años. Juan Francisco no hace nada en clase. Su padre no lo obliga a trabajar y su mujer se escandaliza de forma vehemente. El padre no dice nada, se mantiene tranquilo, pero hace comentarios negativos sobre Juan Francisco, que se alegra de centrar la atención, tanto si se habla bien como si se habla mal de él. No obstante, a solas, Juan Francisco da la razón a su madrastra.

Esta problemática familiar corresponde a lo que se observa cuando los padres se enfrentan por *hijo interpuesto*. En este caso, el progenitor adopta de forma sistemática el punto de vista contrario al de su cónyuge, y se alía con el niño contra este último. Sobre este modelo se forman parejas madre-hijo o madre-hija contra el padre, con mayor frecuencia que parejas padre-hijo o padre-hija contra la madre. Esto es mucho peor que un divorcio bien llevado. El niño es incapaz de oponerse a sus padres, salvo a través de sus síntomas, fracasos escolares o pasividad extrema, por ejemplo. No puede oponerse ni al padre complaciente que lo convierte en su aliado ni al padre «malo». Por desgracia, este tipo de pareja, unida por una especie de odio, resulta particularmente estable, ya que cada uno prefiere el conflicto, aunque sea diario, a la soledad. El niño paga los platos rotos, y sería mejor para él que sus padres se divorciasen, no para reproducir esta relación sadomasoquista que acabo de describir, sino para establecer con otras personas relaciones más sanas. Y es que lo que el niño necesita son unos padres que reúnan autoridad y afectividad en sus dos cabezas. De lo contrario, el niño navega entre la comodidad y la búsqueda del placer, problema que puede alentar en caso de divorcio el progenitor insatisfecho. Por supuesto, lo ideal sería que los padres del niño siguieran observando, en caso de separación, la misma alianza en sus actitudes educativas. Cuando no es posible, el rol del padrastro o de la madrastra, a través de la distancia que respeta y del afecto que aporta realmente al niño, puede ser fundamental. En ese caso, es conveniente que el padre legítimo del niño reconozca el rol del progenitor sustitutivo y, sobre todo, que no desautorice su influencia con el falso pretexto de que no es padre (madre) del niño.

La señora Y..., la madre de Julián, de 13 años, acaba de divorciarse del padre de este, en prisión por tráfico de drogas. Es una madre joven, seductora y bastante inestable. Tenía con Julián una relación demasiado erotizada que Julián combatía comportándose como mal alumno y futuro delincuente. La señora Y..., sin saber qué hacer, acude a psicoterapia y toma conciencia de su actitud: buscaba en Julián un confidente. Llega entonces Víctor, que acepta la presencia de Julián. Este se siente aliviado por la llegada de este futuro padrastro. Trata de parecerse a él y lo admira, pero no soporta que le «mande». La señora Y... le da la razón a su hijo. Víctor decide marcharse porque Julián le ha amenazado con un cuchillo. Finalmente, durante su tratamiento, la señora Y... se da cuenta de su inconsciente complicidad incestuosa con su hijo y acepta la autoridad de Víctor. Julián se estabiliza y se pone a trabajar en clase.

La separación puede ser un drama, pero la familia recompuesta puede paliar los inconvenientes que ocasiona si los nuevos padres son capaces de asumir su rol.

VII
Las pequeñas transgresiones

No existen pequeñas transgresiones, por lo menos para el niño. Y es que, en general, cuando hace una travesura, dice una mentira o comete una fechoría, tiene de verdad la impresión de desafiar a los adultos y de merecer la peor de las sanciones, si bien es cierto que no todos los niños presentan la misma sensibilidad a la prohibición. En este caso me refiero a los niños que han interiorizado la prohibición y que experimentan un sentimiento de culpabilidad.

La falta y el sentimiento de culpabilidad

El sentimiento de culpabilidad no es paralelo a la intensidad de la falta. Por ejemplo, un niño pequeño puede echarse a llorar por haberle dado un pequeño golpe a otro niño, o incluso simplemente al ver que un niño le pega a otro. La eventual sanción del adulto tiene que resultar proporcionada a esta conciencia, en ocasiones exagerada, de la falta cometida.

Biel, de 10 años, ha sido invitado por primera vez a casa de los abuelos de sus primos. Son personas acomodadas que poseen una propiedad con un parque en cuyo centro se halla un bonito estanque. Hace calor y los niños se ponen nerviosos. Encuentran unas pelotas y las echan al estanque. Biel es un muchacho serio al que siempre se pone de modelo. Ese día se controla menos que de costumbre y participa plenamente en el juego, al que tal vez incluso ha dado inicio. De pronto, una de sus primas cae al agua. El estanque no es profundo, pero les entra el pánico. La pequeña se pone de pie enseguida, pero Biel corre llorando a avisar a los adultos como si fuese culpable, simplemente porque es el mayor, aunque sea por poca diferencia.

La falta es nula aquí, ¡y sin embargo el sentimiento de culpabilidad está muy presente! En este ámbito, nada es fácil, y cierta educación puede llevar a un niño a este tipo de comportamiento, que no es infrecuente pero indica un riesgo de evolución hacia la neurosis. La neurosis es el predominio en el individuo de situaciones imaginarias que tienden a aliviar la culpabilidad a expensas de la realidad. En el caso de Biel, es probable que se ocultase en él un deseo de transgresión, muy intenso por estar reprimido. Este juego en el estanque significaba seguramente la realización de deseos más o menos culpables. Por supuesto, este sentimiento de culpabilidad resulta exagerado. No es «normal» y sin duda se alimentaba en Biel de las diversas prohibiciones efectuadas por los adultos: ¡no te ensucies, cuida de los demás, da ejemplo a los más pequeños, pórtate bien en casa de las personas que no conoces!, etc. La cuestión es que resulta muy intenso y que choca de forma más o menos inconsciente en la mente del niño con las ganas de vivir, de jugar, de hacer ruido y de ensuciarse. En cualquier caso, la prueba de la fuerza de esta culpabilidad inconsciente se revela cuando la niña cae al estanque. Esta caída justifica para el inconsciente de Biel todas las prohibiciones y «castiga» todas sus transgresiones.

Por fortuna, este tipo de educación tiende a desaparecer actualmente, una vez más por reacción contra la educación anterior. Ya nadie se atreve a prohibir, y aún menos a pegar, y por desgracia nos saltamos etapas en la educación. ¿Por qué hablo de etapas? *Porque se trata de fases que enseguida se vuelven irreversibles.* Es muy difícil, por no decir imposible, enseñarle buenos modales a un niño maleducado. Pero, sobre todo, *los padres que no actúan con el rigor suficiente y creen que así no culpabilizan al niño* cometen un grave error. En efecto, *consiguen el resultado contrario.* ¿Por qué? Sencillamente porque el sentimiento de culpabilidad no desaparece, muy al contrario, con la ausencia de castigo. Avanza más que nunca y contribuye a dar origen a comportamientos complejos en los que entra en juego precisamente la necesidad de castigo. Como veremos, es difícil reprimir estos comportamientos que a veces escandalizan a los padres, pero que atestiguan *más un malestar que una falta.* Como seguramente el lector no acaba de entenderme, cito aquí esas actitudes del niño que llevan a los padres a consultar a un psicólogo porque se dan cuenta de que el niño se opone a ellos, pero no saben qué decir ni cómo castigar. ¿Qué hacer, por ejemplo, cuando un mocoso se enfada por nada, dice palabrotas o incluso *imita* los comportamientos porque aún no sabe hablar?

Javier, de 18 meses, es cuidado por su tía soltera, que le prohíbe salir al balcón. Por supuesto, es lo primero que hace. Ella le obliga a entrar por la fuerza. Entonces el niño se enfada y suelta injurias ficticias en su media lengua. Luego se escapa al cuarto de baño y su tía lo encuentra detrás del inodoro, ¡blandiendo la escobilla! Pasado este ataque de rabia, es el más dulce y mimoso de los niños. Digamos de paso que muchas veces los comportamientos de este tipo desaparecen con la adquisición del lenguaje, es decir, ¡la adquisición de otras armas!

El niño que *hace trampas* de forma sistemática al jugar también es alérgico a la frustración, y son sus compañeros quienes lo castigan al negarse a jugar con él. Más tarde, los insultos e incluso las patadas lanzadas por el niño dejan a más de un progenitor perplejo, pero ¿qué decir de algunas travesuras que pueden adquirir proporciones gigantescas?

Para complacer a sus amigos, o más bien para ser apreciado por sus compañeros de clase, Jonathan, de 15 años, acepta llevarlos a su casa en ausencia de sus padres. ¿Qué ocurre entonces? Nadie lo sabrá en realidad. Los jóvenes adolescentes se desbocan literalmente con la complicidad impotente de Jonathan. Encuentran las bebidas alcohólicas, ponen el equipo de música a todo volumen, se emborrachan, descuelgan los cuadros y lo alborotan todo. Más tarde, ante los daños, Jonathan no acusa a nadie, permanece mudo y mantiene su silencio. ¿Es una simple víctima o un masoquista que no sabe que lo es? Cabe imaginar que triunfa en secreto sobre la acumulación de un odio mudo.

Otros síntomas desconciertan a los padres, que oscilan entre la comprensión y la represión, sin saber a qué atenerse. Así, el robo en la familia y la mentira permanente hacen pasar a los padres por las sucesivas etapas de la incredulidad, la ira, el desaliento y el replanteamiento. La incredulidad: ¡no, mi hijo no puede *hacerme* esto! La ira: ¡es intolerable que *mi* hijo haga esto! El desaliento: ¿de dónde puede venir esto, qué tara *familiar* resurge? El replanteamiento: ¿qué errores educativos *he* podido cometer?

El robo

Tanto si se trata del robo en las tiendas, casi siempre en grupo, como del dinero sisado a los padres, el robo siempre escandaliza. «Pero si tiene todo lo que necesita» es la frase que aparece con mayor frecuencia, pues esta constatación establece el carácter incomprensible del acto en cuestión y lleva a los padres al especialista.

Mateo, de 12 años, es devuelto por su familia de acogida durante una estancia en Inglaterra. Ha robado dinero en varias ocasiones. Se produce un escándalo. Sin embargo, Mateo se entendía muy bien con su comunicante, la familia era muy abierta y, por último, tenía suficiente dinero. Los padres están hundidos, sobre todo la madre, que no comprende por qué lo ha hecho, cuando ya siguió durante mucho tiempo un tratamiento de psicoterapia. Mateo no sabe explicar su acción. Fue más fuerte que él. Y aunque no imaginaba unas consecuencias tan radicales, sabía que este acto no quedaría impune. Por otra parte, lo cometió en un momento en el que estaba solo en la casa y las sospechas recayeron de inmediato en él. El padre está algo menos preocupado que la madre: recuerda que con frecuencia robaba encendedores en el supermercado. Incluso los coleccionaba, y sus padres no se dieron cuenta de nada.

Pol (capítulo 1) era muy amigo del hijo del profesor. Un día, este último le enseña en qué falso libro de la biblioteca oculta su madre el dinero. Mientras su amigo está en el servicio, Pol roba este dinero sin tan siquiera devolver el libro a su sitio. Enseguida se siente confuso. Por este motivo, los padres de los dos niños han dejado de tratarse y Pol pierde a su amigo. Sin embargo, él no se imaginaba que la cosa acabaría así.

La angustia de los padres cuyo hijo ha cometido un robo culmina cuando este robo tiene lugar en el propio seno de la familia. Si plantea, en efecto, el problema inmediato de la sanción, la cuestión de fondo duplica su intensidad. Las características mismas de estos robos incitan a la reflexión, pues denotan un trastorno afectivo. En primer lugar, parece que el niño, al robar, se hace en cierto modo un regalo a sí mismo. Los padres se dan perfecta cuenta de que el niño (les) coge algo que no le han dado y que, por otra parte, no ha pedido. Así pues, este robo patológico sitúa a los padres ante el enigma del deseo: su hijo quiere y coge algo que no les pide con claridad. Además, el niño hace todo lo necesario para que lo atrapen o, al menos, muchas veces no adopta ninguna precaución para camuflar su acción. Por último, el niño actúa como adormilado o más bien como un sonámbulo, puesto que «es más fuerte que él» y no prevé las consecuencias. Y finalmente, el objeto de la fechoría no tiene verdadero valor y, a menudo, ninguna importancia.

Todo ello se puede relacionar con las reacciones de los padres:

—*¡Hacerme esto a mí!*

Señal de que el niño quiere atacar seguramente la naturaleza del vínculo que le une al adulto y a su madre en particular. ¿Acaso este niño no ha recibido todo el amor que yo creía darle? ¿Acaso quiere hacerme daño, castigarme, tal vez impedirme quererle? Así, pone en tela de juicio este amor, la *naturaleza* de este amor paternal, la *intensidad* de este amor. Y, además, me atrevería a decir que todo tiene lugar bajo el signo de la carencia: el objeto del robo viene a sustituir lo que le ha faltado al niño. Se comprende por qué esto puede perturbar a los padres: el robo es a la vez una petición y un rechazo. Petición de amor dirigida a los padres y rechazo del que dan: es el colmo. Se comprende también por qué los psicólogos, de acuerdo con los juristas, declaran que no hay robo en la familia y que hay que calificarlo de otro modo puesto que se trata de otra cosa.

—*¡No es posible que mi hijo haya hecho esto!*

Esta frase marca la ruptura del vínculo hijo-padre inducida por el robo. Si ha hecho eso, ya no es mi hijo. Esta negación también lo es de uno mismo. También podría decirse: mi hijo, al desautorizar mi amor, ya no me reconoce como padre. Eso explica tal vez que el niño, a través de este acto, *se sancione* a sí mismo, puesto que hace todo lo necesario para que lo atrapen y se arriesga a perder el cariño del que es objeto.

—*¿De dónde puede venir?*

Atrapados en estas contradicciones, los padres tienden entonces a buscar un chivo expiatorio. A menudo este chivo expiatorio es la familia... del otro. Los padres se devuelven así la pelota por genealogía interpuesta. Por desgracia, este argumento no se aguanta durante mucho tiempo. El niño es el resultado indivisible de su unión, y su síntoma se convierte en el de ambos. Tienen que aceptarlo, como se acepta una herencia y como hay que aceptar esa parte de uno mismo que resulta desconocida y que a veces se manifiesta de forma escandalosa en los hijos.

—*¿Qué error he cometido?*

Esta última pregunta casi invierte el sentido de la culpabilidad. Ya no es el niño quien es culpable, sino el progenitor que busca su falta. Sin embargo, hay que sancionar este robo, pues de lo contrario ya nada tiene sentido y el propio robo perdería su valor provocador. Sin embargo, puesto que este libro está destinado a ayudar a los padres que quieren ir más allá, tratemos de superar el plano del *castigo*. Estos robos se producen en las familias en que el niño no *carece* de nada, ni en el ámbito material ni en el ámbito afectivo. Por el contrario, los padres lo hacen *todo* por el hijo.

Tanto en la familia de Mateo como en la de Pol, la madre tiene una relación demasiado intensa con su hijo. No intento en absoluto culpabilizar a las madres, pero es un hecho *y todo sucede como si*, a través de su propia fechoría, el niño tratase de forma inconsciente de romper ese vínculo demasiado fuerte diciéndole a su madre: necesito cariño o, mejor, reclamo el cariño que se me debe (y que tomo), pero rechazo ese amor que me ahoga. Sin embargo, no puede hablar en esos términos y debe pasar por esta conducta extraña en apariencia. El niño busca la sanción tal vez porque se siente culpable de rechazar ese amor materno, del que por otra parte abusa sin ninguna vergüenza. Más allá de esta sanción solicitada, lo que emerge una vez más es el defecto educativo que padece el niño: se ve obligado a romper él mismo el vínculo que lo une a su madre. Y eso porque ella misma no puede hacerlo ni sola, ni con su marido. Ni ella ni él pueden decir no a este amor demasiado fuerte y sin embargo tan necesario al principio de la vida, que pesa sobre su hijo o su hija.

En otros casos, por el contrario, y sobre todo cuando este mensaje se dirige al padre, predomina el desafío, y si el padre no reacciona, el niño situará más alto el listón.

La mentira

Se trata de otro comportamiento que reclama la sanción, pero interpela a los padres. Hay tantos tipos de mentiras que me resulta difícil comentarlos todos. También el adulto, incluso el más estricto en esta cuestión, ha comprendido que la mentira es imprescindible si quiere vivir en sociedad. Sin hablar de la mentira por omisión, que es la regla común del trato social, la mentira piadosa es una verdadera necesidad. Pensemos si no en los estragos que puede causar la voluntad de decirlo todo. Esta voluntad puede ser suicida o asesina. A los adultos que se arriesgan a este ejercicio se les toma por locos. Por el contrario, es patrimonio de los niños pequeños expresar abiertamente unos pensamientos en apariencia inocentes.

Su papá lleva por primera vez a Arturo, de 5 años, a su oficina. Sus colegas femeninas quedan admiradas

136

ante este niño tan educado. Le dan unos rotuladores y se pone a dibujar. «¿Qué has hecho?», pregunta una buena señora que podría ser su abuela. «Dibujo a una señora que llora», contesta Arturo. Y de repente añade: «Esta mañana, ¡mi papá ha hecho llorar a mi mamá!». El padre no sabe dónde meterse. «¡Este niño acabará conmigo!», dice, y Arturo se pregunta qué falta ha cometido. ¿Acaso no le han dicho que siempre debe decir la verdad?

Esta breve historieta muestra que el niño aprende muy pronto que no se pueden decir todas las verdades. Y que si uno quiere ser amado o, al menos, aceptado, conviene que censure lo que va a decir. Al cabo de cuatro o cinco años, el niño comprende que ya no hace reír a los adultos. Este periodo corresponde a un aprendizaje a veces doloroso, pero necesario, como todo aprendizaje. El gran Sigmund Freud llamaba a esta fase el periodo de *latencia*. Con este término quería referirse al final de esa sexualidad infantil de la que hablábamos en el capítulo 5. Jacques Lacan, famoso psicoanalista francés, discutía este supuesto final. Aunque el niño parece calmado, decía, es más bien porque ha comprendido que era mejor no hablar de ciertas cosas para vivir en paz. Este silencio se rompe en la pubertad, y entonces prefiere hablar con los amigos que con los padres. Si recuerda su adolescencia, ya sabe que a los padres no hay que contárselo todo.

Algunos niños pretenden contárselo todo a su madre. No tienen secretos para ella, y protestan cuando el psicólogo quiere verlos a solas: no tienen nada que ocultar, nada que reprocharse. De forma paradójica, son esos niños los que parecen tener problemas. Es cierto que estas alegaciones son conmovedoras y, en conciencia, no podríamos criticarlas, pero esta pretensión de transparencia resulta casi sospechosa. Aunque sólo sea porque el niño «normal» comprende que es un ser completo y que sus preocupaciones acerca de su madre, por ejemplo, no pueden desvelarse ante ella sin volverse caducas.

Por su parte, los padres están obligados por su propio deber educativo a no *decírselo todo* al niño, e incluso a ocultar ciertas cosas o transformar otras. ¿Qué cabe pensar de esos adultos que toman a su hijo como confidente y le cuentan su vida íntima, e incluso sexual, con el pretexto de evitar los secretos? Estos padres imponen a su hijo el papel de un psicoanalista. Son ansiosos y vuelcan su ansiedad en el primer interlocutor que tienen a su disposición: el niño. Sería preferible que hablasen con un especialista, porque esas palabras angustiadas transmiten su angustia al interlocutor.

> Si la expresión «hablar es bueno» tiene algún sentido, es precisamente este: hablar con alguien permite distanciarse del contenido de lo que se dice y liberar su sentido oculto y generador de angustia. Por eso, el psicoanalista se somete primero a una terapia antes de poder escuchar a sus pacientes. Este psicoanálisis previo le permite comprenderse lo suficiente para no sentirse él mismo demasiado angustiado por lo que escucha de su interlocutor.

Algunas personas que no saben que necesitan un análisis hablan a quien quiera oírlas. A veces tropiezan con un alma caritativa que tiene tanta necesidad de escucharlas como ellas de hablar. Pero casi siempre es el niño quien paga los platos rotos de esta necesidad terapéutica disfrazada.

Estas explicaciones sobre los riesgos de decirlo todo, tanto para el adulto como para el niño, y sobre el verdadero aprendizaje de callar que debe hacer el niño, nos alejan en apariencia de las consecuencias negativas de la mentira. Además, la mentira suele ser provocada por el adulto, que precisamente obliga al niño a hablar, no soporta que se calle y lo agobia. Y si se dejase al niño el derecho a guardar silencio, como se le ha enseñado a hacer, se evitarían muchas mentiras. Pero lo cierto es que para los adultos el silencio es aún peor que la mentira, hasta el punto de que a veces el niño se ve obligado a inventar para escapar al interrogatorio y tener paz. Es bien sabida la inutilidad de la mentira infantil. Tarde o temprano se sabrá la verdad. Entonces, ¿para qué sirve? Seguramente para ganar tiempo.

Es lo que ocurre con la mentira sobre las notas obtenidas en clase. Mentira por omisión, mentira deliberada e incluso falsificación del boletín de notas o eliminación del correo, todo acabará sabiéndose un día u otro, y el niño lo sabe. Así pues, si miente es para conjurar la suerte mediante una especie de acto mágico que en definitiva equivale a mentirse a sí mismo.

Los padres no soportan la mentira. Incluso cuando la han provocado, la viven como un ataque personal porque pone en tela de juicio la imagen que tienen de su propia autoridad. Se sienten heridos en su amor propio. Pero la mentira también pone en tela de juicio el vínculo que tienen con su hijo. Es una barrera a veces frágil, interpuesta entre ellos y él, barrera que hay que forzar cuando puede perjudicarle al interesado.

Desde hace varias semanas, Lorenzo, de 13 años, se queja de dolores abdominales casi todas las mañanas. El médico sospechó primero de una apendicitis crónica, porque estos dolores se acompañaban de náuseas, pero el chico no tenía fiebre y el análisis de sangre era normal. A continuación pensó en una irritación de colon e incluso solicitó una radiografía, pero el resultado fue negativo. No obstante, como por arte de magia esos dolores desaparecen durante las vacaciones. Se piensa entonces en una causa psicológica. Pero los padres de Lorenzo no saben hacia dónde orientarse: Lorenzo trabaja bien en la escuela, se entiende bien con su hermana, tiene amigos. Le preguntan con cariño, le dan confianza, le proponen ir a hablar con su padrino, que es psicoanalista, pero sin ningún resultado. Lorenzo sonríe amablemente y asegura con una convicción contagiosa que todo va bien. Sin embargo, su mejor amigo también se preocupa: Lorenzo se muestra reservado, rehúsa a veces ir con él al cine, a menudo parece distraído. Además, desde hace algún tiempo le cuesta conciliar el sueño. Su madre le ha sorprendido en el cuarto de baño tomándose un somnífero. Los padres temen un principio de depresión, tal vez en relación con la pubertad, pero Lorenzo sigue negándose

140

a consultar con un especialista. Una mañana, al ir a hacer la compra, su madre no encuentra el billete que le ha dejado su marido. Entonces recuerda que desde hace algún tiempo nota que tiene menos dinero del que cree haber metido en su monedero, que ya no deja a la vista como solía hacer. Habla con su marido. Tras un momento de negación, se rinden a la evidencia: este robo sólo puede ser cometido por Lorenzo, por increíble que parezca en un adolescente tan ordenado y serio. Dejando al margen sus escrúpulos, se sientan con él una noche y le expresan sus inquietudes. Como Lorenzo lo niega contra toda evidencia y se dispone a salir de la habitación, levantan el tono de voz y lo retienen. Entonces Lorenzo se echa a llorar y lo confiesa todo. Desde hace varios meses, es chantajeado en el camino del instituto por unos individuos a quien tuvo la desgracia de responder un día que le dirigieron la palabra. Al principio no desconfió. Tal vez halagado por el interés del que creía ser objeto, incluso aceptó unos cigarrillos, y luego, tentado por la atracción de lo prohibido, fumó *cannabis* con ellos. Desde entonces vive en una pesadilla. Amenazando con denunciarlo, cada semana le exigen dinero. Aterrorizado tanto por las amenazas de quienes lo acosan como por la idea de confesarlo todo a sus padres, Lorenzo se ha encerrado a sí mismo en un infierno. Por supuesto, sus padres, conmovidos por su relato, lo perdonan, pero se preguntan por qué no han merecido su confianza. Lorenzo les explica que quería salir por sí solo del mal paso en el que se había metido y que tenía miedo de preocuparlos.

141

La mentira está lejos de ser unívoca, y la idea de *proteger a los padres*, e incluso de defenderlos, no es infrecuente, a diferencia de lo que cabría pensar.

Julia se encuentra muy unida a su madre, que la cría sola. No le gusta ir a casa de su padre, que ha vuelto a casarse. No soporta a su madrastra, y el sentimiento es mutuo. Le da la impresión de que su padre ya no la quiere, y llora cuando se le habla de él. No comprende por qué su padre ha preferido esta mujer a su madre. Cuando va a casa de él, trata de poner a su madrastra celosa de su madre contando que su madre sale mucho, que hace lujosos viajes gracias a la generosidad de su nuevo amigo, etc. Pero la realidad es muy distinta; su madre está deprimida y el amigo en cuestión está casado a su vez.

Con estos ejemplos no es fácil hacerse una idea de la sanción que debe aplicarse a la mentira. Esta última se acerca a la fabulación, que es en definitiva una forma de «contarse historias» y cuya necesidad se comprende en este caso. Seguramente, el mismo tipo de necesidad preside las mentiras de los padres.

Unos padres, por ejemplo, deseosos de llevar a su hijo a la consulta de un psicólogo, pero incapaces de decirle por qué, se inventan cualquier cosa para estar seguros de que irá. A un adolescente le cuentan que se trata de un examen de orientación profesional, a un niño, de una visita al médico para una hipotética vacu-

142

nación. A veces se ríen de estas mentiras con el psicólogo en cuestión. En estos casos la mentira de los padres se acerca a la manipulación y traiciona su deseo ingenuo de ayudar a su hijo. Lo más divertido es que el niño no se deja engañar, y su docilidad contradice la aprensión de los padres, más pueril que censurable. Un padre que acepta consultar a un psiquiatra infantil explica a sus colegas de oficina: «¡El médico me ha hecho salir de su consulta para pedirle opinión a mi chaval!». Otro cuenta a un amigo que le ha recomendado una psicóloga: «Ha ido bien, la psicóloga era simpática. De todas formas hay una cosa que me ha preocupado; mira, tal vez era para impresionar al cliente: había un libro de Freud muy a la vista sobre la mesa». Hay que reconocer que los niños se muestran menos forzados que sus padres y no tienen sus reticencias. Se preocupan por su preocupación: «Me pregunto por qué han querido ocultarme que me llevaban a ver a un psicólogo. ¡Todos mis amigos van!».

No obstante, no quisiera que el lector tuviese la impresión de que meto en el mismo saco a los niños y a los padres que mienten. Desde luego, la mentira debe sancionarse, pero hay que reconocer que no existe en algunas familias, mientras que es casi moneda corriente en otras. Como esa familia de la que he contado que, para obtener satisfacción, los padres le pedían al hijo lo contrario de lo que querían, ¡ya que el niño se oponía a ellos de forma sistemática! La mentira no debe alentarse, ¡y los padres tendrían que dar ejemplo!

Haz lo que digo, no hagas lo que hago

El padre de Pol y también el de Mateo me confiesan los motivos de su extraña indulgencia (capítulo 3). Ambos tienen el mismo comportamiento que sus hijos (que no lo saben) y les cuesta mucho sancionarlos. Cuando lo hacen, a veces empujados por el carácter provocador de las fechorías de los hijos, luchan casi contra sí mismos, y en este sentido hay que comprender sus reacciones.

Pol sabe que ha llegado al límite cuando su padre deja el cinturón sobre la chimenea de su habitación. Es cierto que su padre sólo lo ha utilizado en una memorable ocasión, pero sirvió de ejemplo. No es violento por naturaleza, pero es más fuerte que él. Ante ciertos comportamientos de Pol, se pone *fuera de sí*. Ello se debe al enorme esfuerzo que ha hecho para controlar en sí mismo las ganas de destrozarlo todo. Pol le devuelve su propia imagen, o más bien la que rechaza, y no puede soportarlo. Pese a que no sabe todo eso, Pol comprende a su padre y le da la razón. Esta reacción es habitual y dificulta mucho el trabajo del psicólogo para que el joven comprenda por qué actúa así.

Lo que es inconsciente para el adolescente, que repite sin saberlo lo que hacía su padre a la misma edad, es consciente en el padre, y de ahí proviene esa mezcla de tolerancia y exasperación. El lema de estos padres podría ser, dirigido a su hijo: «Sé lo que yo he llegado a ser, pero no hagas lo que hice». Además, tienen tanto miedo de no ser obedecidos que ocultan o tratan de ocultar el comportamiento que tuvieron de adolescentes. Las esposas, que están al corriente, no les reconocen en muchos casos el derecho a actuar con rigor o fingen temer su violencia. Todo junto lleva a una complicidad de la madre con su hijo, a un entendimiento tácito a espaldas del padre, que muchas veces no se entera de nada. La autoridad proviene de la madre, pero esta sabe desbaratar lo suficiente los enfrentamientos de la adolescencia para evitar sus inconvenientes. Si no se tiene cuidado, este esquema puede conducir a la delincuencia, única forma para el futuro hombre de escapar a esta lógica materna y de enfrentarse a una ley exterior, la de la sociedad.

En este caso, la actitud del padre se explica por un sentimiento de culpabilidad que le impide castigar a un hijo en el que se reconoce y a cuyos ojos trata de parecer respetable. Pero esta apariencia es difícil de mantener cuando el fallo del padre se extiende a ojos de todo el mundo. Por desgracia, su inferioridad justifica su desgracia familiar o social, aunque sea temporal. Así, el desempleo contribuye actualmente al deterioro de una imagen que no necesitaba eso para decaer aún más. Recordemos la humillación del padre de S. Freud, quien contó a su hijo que un cristiano le había tirado el sombrero al suelo diciéndole que se bajase de la acera. Dicen que Freud perdió mucha estima por su padre aquel día. De forma más prosaica, el aura del padre se debilita gravemente si este es denunciado por un policía por una infracción banal cometida en compañía de su hijo. Actualmente, la autoridad familiar del padre parece tributaria de su influencia social. Esta circunstancia puede darle al hijo una pobre idea de la educación, pero algunos padres e incluso algunos hijos se resisten.

> Damián, de 14 años, trabaja mal en clase. Sus padres no se entienden y el hombre está en el paro. La madre ha decidido ocupar un puesto de gerente en el almacén que posee. Durante las discusiones, acusa a veces a su marido de «dejarse mantener». Este, presente cuando es necesario para ocuparse de su hijo, a menudo lo lleva a pescar durante el fin de semana. Las dificultades escolares de Damián parecen vinculadas a una especie de apoyo implícito a su padre: «Como consideras que está mal estar en el paro», parece decirle a su madre, «yo también me pongo en el paro». Esta especie de huelga le permite también no ser superior a ese padre al que ama y admira.

Es difícil obtener de los demás lo que uno no puede imponerse a sí mismo, por ejemplo prohibir fumar a los hijos si uno mismo fuma. Pero esta observación es peligrosa. Su extensión a otros comportamientos puede incluso resultar catastrófica, ya que niega sencillamente la diferencia de edad y pervierte el principio de la educación. En efecto, ya no existe educación si en la familia reina la igualdad democrática. Ahora bien, esta pseudoigualdad no reconoce ni la experiencia, ni el aprendizaje, ni la separación de los roles. Esos padres que se reconocen en su hijo no deberían avergonzarse de su pasado. Al fin y al cabo, lo han superado. El niño necesita sentir en

146

su padre una determinación sólida y sin complejos. Es el símbolo de esta determinación, símbolo por excelencia, lo que el padre pone, en forma de cinturón, sobre la chimenea. No es él quien lo posee, ya que en su calidad de símbolo no le pertenece. En efecto, este atestigua un orden necesario que supera al individuo, ¡y por otra parte el niño obedece también a ese símbolo!

VIII
La coacción educativa

Por fortuna, prohibir y castigar no resumen la educación. Por otra parte, algunos educadores han defendido una educación sin prohibiciones y más tarde han cambiado de opinión. Los padres que se habían arriesgado a ello, también. ¿Por qué? Podría resumir así la respuesta de este libro: porque *una educación sin prohibiciones niega la diferencia de generaciones.* En efecto, la prohibición no tiene el mismo sentido para el adulto que para el niño. Para el adulto, la ausencia de prohibición tiene el sentido de *libertad.* Para el niño, esta ausencia simplemente le obliga a correr peligros. El propio Gandhi decía que la no violencia tenía sus límites precisamente cuando la vida del niño estaba en peligro. Acabo de establecer un paralelismo entre violencia y prohibición como si estuvieran vinculadas: es porque razono como adulto. Por supuesto, cabría imaginar una educación basada sólo en prohibiciones, pero sería violenta. Por ello, la prohibición debe formar parte de la educación, que abarca el conjunto de los medios que contribuyen a la formación y desarrollo del ser humano: tanto la pedagogía como el aprendizaje o la información por un lado, pero también todo lo que forma parte del desarrollo físico, intelectual, afectivo, moral y espiritual.

La prohibición, la educación y la transmisión familiar

Nadie duda de que el ambiente familiar es el que mejor responde a esta misión, que integra tanto la obligación de alimentar y vestir como acompañar, hablar o amar. Ninguno de estos aspectos puede aislarse, y la falta de uno solo conlleva diversas carencias. La prohibición como palabra imprescindible forma parte de ellos y se apoya sobre los demás. El niño se construye, por un lado, gracias a lo que se le da, pero también a lo que se le *niega.* Muy pronto imita al adulto, quiere ser como él, tener lo que tiene, pero también se distingue de él y se inventa un destino. Entre las tareas *insoportables* para el hombre, S. Freud agrupaba las de gobernar, psicoanalizar y educar. Esta última tarea incluye tantas *coacciones* que cabría preguntarse lo que empuja al ser humano a tener hijos si no supiéramos que la supervivencia a través de la descendencia barre todas las reticencias. En esta supervivencia reina la idea de la *transmisión,* transmisión de los genes por supuesto, pero sobre todo transmisión de los ideales. La educación es el instrumento de esta transmisión. Algunas familias dedican todos sus esfuerzos a esta transmisión y no obtienen resultados demasiado malos, en la medida en que la educación merece mucho tiempo y paciencia. Es lo que ocurre sobre todo con algunas familias tradicionalistas, en las que se hace todo lo necesario para que los niños puedan transmitir la antorcha de la fe o del progreso.

Paula es hija de unos militantes comunistas. Las cosas han cambiado mucho desde la época de su nacimiento. Pero los padres se mantienen fieles a ese ideal de vida. A pesar de sus dificultades, Paula no puede ir a la escuela libre. Es contrario a los principios de sus padres, aunque permanecen abiertos a las aportaciones exteriores. Pero esta apertura está sometida a la idea de una cultura popular en la que, no obstante, entra el psicoanálisis. Paula tiene que marcharse de vacaciones. Irá a unas colonias asociativas. A decir verdad, el sueño de los padres es que se incorpore lo antes posible a las Juventudes Comunistas.

Luis nació en un ambiente católico. Sus padres son muy practicantes, pero de sus muchos hijos sólo Luis parece adherirse a su ideal. Esta adhesión es incluso tan intensa que los padres se preocupan. Luis es monaguillo, jefe de *scouts* y forma parte de una coral, y lleva muy bien estas diversas actividades. Se entiende muy bien con su abuela paterna, que es el personaje importante de la familia. Esta joven y dinámica abuela, amiga de un arzobispo y productora de programas religiosos, se refleja en el nieto, que a veces alecciona a sus padres.

Pero a menudo esta transmisión constituye un problema. Por un lado, algunos hijos no siguen la tradición familiar, o bien presentan síntomas que, en realidad, revelan un rechazo de la filiación. Por otra parte, los dos términos de esta alternativa se confunden con frecuencia. Como no quieren seguir el ideal familiar, algunos niños sufren perturbaciones que afectan a la escolaridad o al comportamiento. Y, de todos modos, todo trastorno escolar replantea para algunos padres, y sin que estos lo reconozcan, el problema de la herencia espiritual o material que reservaban a sus hijos. Por eso, en los trastornos que presenta el niño, hay que distinguir entre un rechazo inconsciente de esta herencia y un problema de aprendizaje específico. Esta tarea no es fácil, y el peso de los deseos de los padres, a menudo ocultos, recae sobre el futuro de su descendencia.

Los padres, anhelantes de la transmisión, deberían interesarse tanto por el mapa genético como por el peso del inconsciente familiar. Y es que, aunque algunos adultos creen poder influir en su destino según su voluntad —lo que no deja de ser raro y único—, esta inflexión resulta problemática cuando se trata de niños. A partir del momento en que dan origen a un nuevo ser, los padres multiplican no sólo sus propios genes, sino las potencialidades aún no expresadas de sus ascendientes. Es el milagro de la creación. Una creación que también escapa a los creadores. Por ello se crea entre el niño y sus padres un foso que la educación se esfuerza por colmar. Pero este esfuerzo debe tener en cuenta la herencia inconsciente que aportan sin saberlo los dos cónyuges. Desde el nacimiento del primer hijo confrontarán sus culturas a veces distintas y deberán reconocer su doble filiación.

152

Eva, de 18 años, es hija de un padre bereber que se ha convertido en abogado francés y de una madre judía. Se ha sometido a varias psicoterapias y se entiende muy mal con sus padres. Tiene problemas escolares, que atribuye a los celos de sus compañeros, y busca el enfrentamiento con sus padres. La madre cree comprender a su hija, a la que acompaña a la consulta del psicoanalista. El padre está desconcertado. Se muestra colaborador, pero reconoce su impotencia. Si su hija hubiese nacido en Argelia de una madre bereber, habría podido actuar en función de lo que le enseñaron sus padres y tal como él entendía la educación. En Francia, está desconcertado. Para empezar, su mujer sabe más que él en el ámbito de la educación, pues es psicóloga. Además, no está en su país, y en Francia las costumbres son distintas. Por supuesto, si estuviese en su tierra su hija sería educada de otra forma. Pero aquí reconoce haber renunciado. Esta diferencia entre los padres de Eva explica en gran parte su malestar, pues ella quisiera huir de su familia sin tener verdaderas ganas de hacerlo.

Si en algunos casos privilegiados la transmisión no plantea dificultades, pues los niños siguen las huellas de los padres, incluso en este tipo de familia sucede que uno de los hijos, por ejemplo, sea una excepción. Esta excepción puede reflejar un problema generacional, pero hay que ser muy prudente en este tipo de suposición. En primer lugar porque, si existe un problema, no es consciente y controlable; en segundo lugar porque, por definición, estas hipótesis son conjeturas. El caso es que estos defectos de transmisión, imputables o no a la calidad de la educación, están sometidos a la sagacidad de los psicólogos de toda condición, que por ello pueden adquirir en la perspectiva educativa una importancia que no se puede negar hoy en día. Ahora bien, esta influencia, cuyo aspecto benéfico no puedo negar, está sometida a los mismos riesgos que la propia transmisión. En efecto, la palabra del psicólogo se transforma, se modifica en función del deseo de quien la acapara. Y, a menos que actúe como tercero, que es lo deseable, puede utilizarse como argumento de peso a favor de uno u otro de los protagonistas de la obra educativa. Pero esta utilización o, mejor dicho, esta recuperación, es lo peor que existe en materia educativa. El psicoanálisis mal entendido puede hacer la función de un argumento a favor o en contra, lanzado contra uno de los dos progenitores en caso de divorcio por ejemplo, lo que supone un uso simplemente desnaturalizado de una ciencia que aspira a la plenitud del individuo.

El niño bien educado

Resulta curioso que un éxito tan complejo como el de la educación pueda reducirse en el lenguaje a lo que es la apariencia misma: la urbanidad. Pero ello tal vez no sea tan paradójico como parece.

Arturo, de 12 años y medio, tiene el aspecto ceñudo de los adolescentes taciturnos. No es que esté deprimido, sino de vuelta de todo. No tiene ganas de nada y apenas trabaja en clase, ni siquiera en matemáticas, la única asignatura que le gusta. Por supuesto, rechaza toda ayuda con el pretexto de que no tiene ganas. Sus padres están divorciados. Su padre conoce muy poco a su propia familia pues su madre lo abandonó para irse con un amigo que luchaba en la guerra de Argelia. Entonces fue recogido por sus abuelos paternos. La madre de Arturo, secretaria, lo cría sola y, según el padre, se muestra muy posesiva. Ella también ha perdido el contacto con su familia y se ha volcado en Arturo, que la desespera. Sin embargo, siempre se anticipa a sus menores deseos y nunca ha emprendido nada para él sin preguntarle de forma explícita lo que quería y lo que le apetecía. Le conoce tan bien que avisa: «No se fíe si dice sí; no perseverará». Se niega a irse de colonias en vacaciones y exige acompañarla a la estación de esquí, pero no esquía y se queda fumando en el hotel. Hay que añadir que Arturo no dice ni buenos días, ni adiós, ni se disculpa cuando empuja a alguien, y al parecer come como un cerdo. Sin embargo, desde que ha vuelto a la escuela está enamorado, se muestra soñador y se queda tumbado en su habitación escuchando música. Siempre es María quien lo llama; él nunca se esforzaría por manifestarle sus sentimientos.

Arturo está mal educado en todos los sentidos. Niño mimado, siempre ha creído que todo se le debía. Se percibe que el despertar puede ser brutal. A menos que, habituado a la facilidad e incapaz de trabajar, Arturo caiga en la delincuencia, lo que constituye la obsesión justificada de su madre.

Este ejemplo muestra que la buena educación forma un todo. No obstante, hay casos en los que niños en apariencia felices y que no carecen de nada son incapaces de toda *urbanidad*, simplemente porque no se la han enseñado.

Marina, guapa adolescente de 14 años, nació en un ambiente acomodado y culto. Por ello, su comportamiento desentona aún más. Ella tampoco sabe decir buenos días e ignora a los invitados. Se comporta mal o de forma vulgar, lo cual irrita a veces a su madre pero hace reír a su padre. Este rechaza que se «encauce» a su hija, según dice. El hombre opina que la urbanidad sólo es hipocresía. La clave del problema se halla en su propia educación. Su padre era militar. No aceptaba que se hablase en la mesa, exigía que pidiese permiso para todo y no toleraba ni un minuto de retraso. Había que sentarse erguido a la mesa, apoyar los antebrazos a media longitud, cerrar la boca al comer, dejar los cubiertos paralelos en el plato, etc. Al llegar a la adolescencia, el padre de Marina lo envió todo a paseo, empezó a comer en la cocina y discutió con su padre de forma definitiva. Su mujer trata de comprenderle y se pregunta con razón si el comportamiento de Marina no es una forma de oponerse a ella y de identificarse con su padre.

Lo que los padres de Marina fingen no saber es que la educación de los padres es muchísimo mejor que la educación por parte de la sociedad. En efecto, esta última reacciona según unos códigos que es mejor conocer si se quiere salir del estricto ambiente familiar. Si no se poseen esos códigos que sólo la familia, a veces alejada, puede enseñar, se corre el riesgo de meter la pata, de ser tratado con aspereza sin tan siquiera saber por qué, y el precio a pagar es mucho más caro que el del aprendizaje. Los transportes públicos y el tren en particular nos ofrecen a menudo el espectáculo de esos padres que, bajo una encantadora apariencia exterior, despliegan su agresividad por niños interpuestos y ríen al verles aplastar los pies de la señora mayor sentada delante o tirar el helado sobre la chaqueta del señor con corbata. Si bien el niño es un seguro contra la muerte, también puede ser la revancha que se toma respecto al destino. Un niño así no es un ser feliz, ya que en realidad es el representante del narcisismo de sus padres. Cree complacerlos haciéndoles reír, cuando lo cierto es que estos ajustan sus cuentas.

Las normas de urbanidad forman parte de un código necesario para la vida en sociedad. Hoy en día muchos padres pasan por alto inculcárselas a sus hijos para «no molestarles con eso», olvidando que, al igual que otros aprendizajes, los de la vida en sociedad no se obtienen con facilidad después de cierta edad, mientras que saber tener en cuenta al otro, mostrarse cortés o prestar ayuda se convierten en reflejos si se asimilan antes de la adolescencia. Por el contrario, la focalización extrema de los padres en la urbanidad también puede ser un exceso, a decir verdad, anticuado actualmente.

> Lucía va a sexto. Tiene 11 años y medio, y se queja de que, desde que creó su empresa, su padre ya no se ocupa de ella. La madre confirma esta reivindicación. Tal vez tiene razones distintas de las de Lucía para estar descontenta: su marido sólo habla de su nueva secretaria, una mujer inteligente que le ayuda mucho. Lucía piensa que su padre la quiere pero que no le presta atención, salvo para hacer comentarios negativos sobre su ropa o su forma de hablar. La niña repite llorando: «Tengo que ser una chica elegante». No obstante, el padre acepta discutir el problema durante dos horas con su mujer. Reconoce los hechos y confiesa: «No soy un buen padre». Dice ser «un papá autoritario», pero no ve dónde está el problema. Su argumento es el siguiente: hay que respetar a los demás y hacerse respetar, saber lo que significa la urbanidad. En realidad, también sabe ser cariñoso, pero opina que su mujer es demasiado blanda.

Este último ejemplo insiste una vez más sobre la necesidad de un buen entendimiento de los padres para transmitir el mensaje educativo, y son los ambientes tradicionales donde las parejas están especialmente unidas los que mejor consiguen transmitir sus valores. Ello se consigue a veces a costa de ciertos sufrimientos posteriores. Todo ocurre como si la transmisión fuese global. Cuesta combinar la tarea educativa con la necesidad de una separación respecto a los padres. Por ello, la educación y su símbolo, que es la urbanidad, se ponen en tela de juicio a menudo en el momento de la crisis de la adolescencia.

Enrique, de 14 años, tiene unos padres que se entienden muy bien. No obstante, su padre tiene edad de sobras para ser su abuelo. Es un hombre de pasado prestigioso, gran viajero que estuvo muy ausente durante la infancia de Enrique. Su madre, en cambio, es muy joven. Se siente trastornada por el cambio que experimenta su hijo desde hace algún tiempo. En lugar de mirar el asunto con perspectiva, no quiere ceder. La noche anterior le interrogó durante varias horas para saber de dónde provenía la lujosa camiseta que llevaba Enrique. Este dice que no soporta esta intrusión materna y amenaza con fugarse, insultando a la madre delante del padre, que no interviene apenas. Hay que decir que él se lleva bien con Enrique. Lo acompaña a misa y hablan de tenis. Y este, como muchos padres, deja que el hijo maltrate a la madre sin interponerse, seguramente porque él mismo no se atreve a asumir un conflicto muy distinto con ella.

El secreto de una buena educación reside tal vez en la *forma* en que los padres se la inculcan a sus hijos. No debe aparecer como voluntad caprichosa de ellos, sino como transmisión aceptada de valores escogidos. Y, sobre todo, el aspecto coercitivo no debe ser vivido de forma negativa por los propios padres, pues en tal caso el niño lo rechazará todo en bloque. En efecto, la coacción sólo es aceptable si aporta ventajas. Si los padres presentan la urbanidad, por ejemplo, como pura coacción, esta será rechazada. De la misma forma, todo deseo demasiado manifiesto de los padres se verá como un intento de dominio y no una voluntad desinteresada. A veces, los padres están tan angustiados por el temor de no tener éxito con la educación que les cuesta mucho transmitir su mensaje. Deberían tener más confianza. El niño es muy flexible; sólo pide parecerse a los adultos a los que quiere y está dispuesto a aceptar todas las coacciones para tener la seguridad de ser amado.

Los errores educativos

Es difícil hablar de errores educativos, ya que eso implicaría una norma que cuesta definir. No obstante, cierto tipo de actitud de los padres va en contra del objetivo perseguido, y eso es lo que quisiera subrayar aquí.

Ricardo era odioso de pequeño. Por ejemplo, se revolcaba en los charcos de agua, no obedecía nunca y contestaba a su madre. La cosa empezó cuando era un bebé: cuando su madre salía de la habitación después de darle de mamar, se ponía a gritar. Más tarde, en casa de la canguro, tenía rabietas. En la actualidad, los amigos de los padres les hacen comentarios negativos y llegan incluso a negarse a salir de vacaciones con ellos. A los 12 años, Ricardo tiene problemas de sueño. Le cuesta dormirse. También tiene momentos de melancolía en los que se aburre y coge un libro, aunque no llega

160

a fijarse en lo que lee. Tiene problemas con su hermano menor, tres años más joven. Ricardo parece triste, pero no puede decir nada concreto sobre los orígenes de su malestar. Es el padre quien me da indicaciones interesantes sobre cómo es su educación. A decir verdad, su padre no se reconoce en absoluto en Ricardo. Este brillante ingeniero lo considera superficial, infantil y no demasiado inteligente. Le cuesta decirlo, porque se avergüenza de él. A veces le provoca respondiendo a sus preguntas de forma equívoca. Ricardo no percibe la trampa. También trata de ponerlo a prueba sin cesar, y siempre en perjuicio de Ricardo: «Cuando una frase me parece tonta, no la dejo pasar», añade. Es consciente de no servirle de ayuda, pero no sabe qué hacer. Por mi parte, no sé si existe un vínculo entre la actitud del padre y las dificultades de Ricardo. La conversación con él y la prescripción de un examen psicológico que mostrará una inteligencia superior a la normal en Ricardo romperán el círculo vicioso y permitirán la evolución de este.

Sin darse cuenta, el padre de Ricardo tenía con él una actitud sádica inconsciente. Más tarde recordó que se había puesto muy celoso cuando nació el niño porque su mujer se había vuelto exclusivamente madre a partir de ese día.

En realidad, este padre tenía una conciencia oscura de que sus disposiciones hacia su hijo no estaban claras, y sentía una gran irritación cuando discutía con él. Sin embargo, no sabía que eso podía corresponder a un rechazo inconsciente.

A veces, por el contrario —aunque esta circunstancia también estaba presente en el padre de Ricardo— es la *angustia* la que empuja a los padres a tener unos comportamientos franca e inocentemente sádicos.

Los padres de Sebastián (capítulo 1) han escuchado mis consejos, según dicen. Han comprendido que los padres debían ponerse de acuerdo entre sí para educarlo, y que el niño debía entender que la orden que se le daba no provenía de forma exclusiva del padre o de la madre, sino de los dos. «Ahora», me explica un día el padre, «las cosas van muy bien. Jugamos a una especie de juego de rol con él». Ante mi extrañeza, me explica la situación. «Cuando uno de nosotros está solo con él», me dice, «le cuenta que ha comentado con el otro (aunque no es cierto) lo que había que permitir o no, y así Sebastián obedece».

Pero Sebastián se queja de que su padre le «haga bromas» y me lo dice con una voz alterada por una mezcla de cólera y angustia. En efecto, Sebastián sufre angustia de separación y grita de terror ante la idea de ser abandonado. No soporta que lo dejen solo en el coche, aunque sea tan sólo por unos momentos. Por eso, el padre se esconde detrás del automóvil para ver las reacciones de Sebastián e intentar de esta forma endurecerlo. Y es que este ingeniero está angustiado por la angustia de Sebastián. No comprende nada; la situación supera de tal modo las explicaciones racionales que se pregunta cómo puede ser así su hijo. Su reacción está a la altura de su impotencia. «¿Por qué me asusta papá?», pregunta Sebastián.

Los padres deben comprender que pueden sentirse desbordados por su hijo, aunque sólo sea porque forman parte, muy a su pesar, del malestar del niño. En tal caso es preferible solicitar la opinión de un «doctor que no pone inyecciones sino que habla con los niños» que tratar de ponerles a prueba uno mismo. De la misma forma, es importante no mentir al niño. Cómo se puede hacer la verdad creíble si el niño sabe que sus padres le han mentido ya. El niño sabrá prácticamente siempre que sus padres le han mentido, y eso va contra todo proceso educativo. *Se puede e incluso se debe no decírselo todo a un niño, también se puede responder de la forma más sencilla del mundo a sus preguntas.* En este sentido, cabe destacar que las preguntas repetitivas y sin fin, una respuesta que conduce a una nueva pregunta, atestiguan una verdadera pregunta oculta que el niño no se atreve a plantear a sus padres.

El propio castigo no tiene que mezclarse con la mentira o la astucia si se quiere evitar que tenga efectos malsanos.

Daniel, de 3 años, es insoportable. Ni siquiera las zurras resuelven un comportamiento difícil de tolerar. Las amenazas tampoco tienen efecto. Pero su padre ha encontrado una estratagema. Le dice que se va a llamar al lobo malo y entra en la habitación contigua. Vuelve a cuatro patas, con una careta de cartón. Daniel, que no adivina que es su padre, se pone a gritar y se calma durante un tiempo. El lobo se marcha a quitarse la careta y el padre regresa sonriendo.

Esta terrible historia muestra que la autoridad viene de otro. Este otro puede ser el marido para la madre. En este caso vemos que el padre de Daniel tiene tan poca confianza en su propia autoridad (¿sobre su hijo?, ¿sobre su esposa?) que se ve obligado a inventarse al famoso hombre del saco, e incluso a interpretarlo. También aquí, la impotencia que sienten los padres ante el niño tiene algo terriblemente angustioso para ellos. Sobre todo porque la angustia puede ser contagiosa y afectar a toda la familia cuando su circulación no es cortada por el padre, por ejemplo, papel que debería ser el suyo. Seguramente una presencia excesiva, y no insuficiente, le impide al padre adoptar cierta perspectiva que le permita volver a poner las cosas en su sitio y así desempeñar el rol que se espera de él.

La vida cotidiana

La observación que acabo de hacer sobre el rol del padre puede parecer ir a contracorriente o ser «políticamente incorrecta» para usar la expresión de moda, pero no por ello deja de ser cierta desde el punto de vista práctico. En efecto, la angustia surge cuando no hay salida posible o también *cuando no se ve* salida posible, es decir, cuando uno se encierra en sí mismo. Por eso está bien criar a los hijos entre dos. El otro cónyuge, cualquiera que sea su sexo, debe poder tranquilizar con su juicio al que (o a la que) se inquieta. Ello puede producirse, por ejemplo, a propósito del temor a la aparición de una enfermedad, y si la inquietud domina a los dos padres le corresponde al médico disiparla. El encierro psicológico es a veces palpable y, por haber sido médico de guardia el domingo en los suburbios, recuerdo a aquellas familias enteras, abuela incluida, inclinadas sobre la cuna de un bebé que llora y que sufre una diarrea sin importancia. El papel del médico es, en primer lugar, de objetividad, y a veces tiene que abstraerse del contexto para conservar la suya. En segundo lugar, es, a menudo, de autoridad, ya que una vez que ha establecido su diagnóstico, hay que saber imponer su aceptación. Es un arte que a veces tiende a perderse, en el hospital por ejemplo, cuando el médico requiere al especialista en psicología para aquello que le parece que está fuera de su competencia como técnico. Por supuesto, el psicólogo consultado también debe distanciarse, aunque sin mostrarse «distante».

Es el mismo tipo de distancia observada por uno de los cónyuges que podría evitarle al otro la angustia producida por una relación demasiado estrecha. Hasta ahora, este lugar le correspondía al padre. Las razones son múltiples. En primer lugar, por su presencia en principio menos continua tiende a ver las cosas con más perspectiva; en segundo lugar, su menor participación física en la alimentación y los cuidados corporales durante el largo periodo de la infancia lo lleva a mantener una distancia útil. Todo ello, como es sabido, está sujeto a cambios en los nuevos tipos de familia.

Queda la diferencia de sexos. Es un tema complicado a causa de ciertos debates feministas que ponen en tela de juicio lo que ahora se denomina *falocracia*, concepto que ha hecho furor en Estados Unidos. ¿De qué se trata? Si se trata de otorgarle al hombre, en virtud de su conformación sexual, cierta supremacía, eso no es lo propio de la falocracia. En efecto, esta no se relaciona con el órgano masculino, sino con el *símbolo*. En cambio, el poder, dado que se ha identificado con el hombre, ha podido asociarse con el órgano viril. Por esta razón la falocracia es atribuida de forma tradicional por el movimiento feminista al poder masculino. En realidad, las cosas son a la vez más sencillas y más complicadas. Por una parte, está la diferencia sexual y, por otra, la influencia que ejerce en el otro uno de los miembros de la pareja. Estos hechos pueden separarse por completo. También pueden reunirse. Tradicionalmente, la influencia se situaba y se sitúa en buena parte aún del lado del hombre. Casi resulta incómodo presentar las cosas así actualmente. Pero veamos lo que ocurre en casos concretos.

Margarita tiene 18 años. Sufre un bloqueo escolar relativo puesto que está en el último curso de bachillerato, pero no ha querido presentarse al examen de selectividad aunque estaba preparada. Se metió en la cama y se negó a acudir. Está inhibida por completo por la idea misma del examen. Se siente muy cercana desde el punto de vista intelectual a su padre, que la apoya. Para él, la chica es «perfeccionista», y eso lo resume todo. Su madre está más inquieta, pero no se atreve a contradecir a su marido. Margarita hace kárate, es muy masculina y quiere ser siempre la primera. Se preocupa mucho por su aspecto y a veces no come. Adelgaza de modo preocupante y los padres reaccionan de forma muy distinta. La madre se preocupa, y con razón, mientras que el padre se hace el sordo y el ciego. La madre se queja de la actitud del padre: «En cuanto digo algo, ella me manda a paseo y su padre no dice nada. Al contrario, hace todo lo que ella quiere». Desde que era muy pequeña, quería ser un chico, y no ha vuelto a ponerse una falda desde los diez años.

Esta chica está muy unida a su padre, pero no lo ve como el hombre o el personaje fuerte de la casa, muy al contrario. En realidad, este hombre se opone a su mujer aunque de forma indirecta, a través de su hija, a quien se lo permite todo, diga lo que diga su esposa. La madre se ve obligada a desempeñar los dos roles, lo que no deja de plantear problemas para la evolución sentimental de Margarita.

Francisco tiene 13 años. No ha trabajado en absoluto durante los dos primeros trimestres de segundo de ESO, pero desde que los padres consultaron a un especialista tiene un 7,5 de promedio. Sus padres sitúan el malestar desde el principio: desde que han comprado una casa en las afueras por el bien de sus hijos, se han endeudado y discuten sin parar. La mujer acusa al hombre de dejarse influir por su familia y de hacerle soportar sus decisiones y su forma de ver las cosas. Francisco me expone la lista de los agravios que tiene contra su padre y me la da escrita. Para él, su padre se comporta mal en la mesa, dice palabrotas, se pasa horas delante de la televisión, no cumple sus promesas, etc. Más bien da la impresión de oír a una madre que se queja de un adolescente. Francisco repite prácticamente los reproches que su madre le hace a su padre. Pero su complicidad con su madre, al contrario que en el caso de Margarita con su padre, no deja de ser superficial. Por otra parte, se opone a su padre, que tiene la impresión de que le provoca y busca la bofetada. El hermano mayor no toma parte en el conflicto. Francisco tiene sentido del humor y nos reímos francamente ante el descubrimiento de este complejo de Edipo caricaturesco. Francisco interpreta en cierto modo este complejo. Defiende a su madre como un gallito. A esta le parece incluso que a veces va demasiado lejos.

Estos dos casos ilustran, en mi opinión, la necesidad que tienen los hijos, niños y niñas, de encontrar en sus padres modelos de identificación. Todo va bien cuando estos modelos son sólidos y se adaptan al entorno social. Como este entorno no ha cambiado —y tal vez estamos en una sociedad en transformación—, la inadecuación de los modelos parentales con el mundo que lo rodea genera trastornos en el niño y el adolescente, sobre todo si estos modelos no asumen su función de ejemplaridad.

IX
¿A partir de qué momento hay que decir no?

Si nos situamos en el plano intemporal de los principios, la cuestión de saber «a partir de qué momento hay que decir no» tiene poco sentido. Por eso abordaré este asunto de varias formas. Decir no es, en apariencia, una operación de lenguaje. Como hemos visto, el lenguaje es casi redundante cuando basta la autoridad. Pero hay más: en innumerables casos, *decir* no es del todo ineficaz, sobre todo en lo que respecta al cuerpo. La adolescente bulímica sabe algo de eso: cuanto más se dice no, «no abriré la nevera», más tiene ese «no» el aspecto deliciosamente transgresor que trata en vano de conjurar. Lo mismo puede decirse de quien intenta dejar de fumar: sólo la prohibición de los cines tiene la eficacia del acto. Todo esto resulta muy válido para el niño pequeño. Durante un periodo de su vida, es decir, hasta los 8 o 10 meses más o menos, el recién nacido no sabe qué es el «no». Cuatro meses más tarde y hasta los dos años, se opone a todo de forma sistemática, y para él se trata precisamente de una manera de afirmarse. También es

169

este el periodo —¿por casualidad?— en el que empieza a hablar. Antes, es el cuerpo el que dice «no». Eso es lo que ocurre tal vez con algunas enfermedades psicosomáticas («tal vez», pues en este campo no existen «pruebas» formales). Algunas rinofaringitis de repetición no surgen en cualquier contexto psicológico, aunque es difícil explicar sus resortes. En cambio, algunas otitis de repetición parecen obedecer a las leyes empíricas formuladas por Françoise Dolto, quien interpretaba que cuando los padres «no se entienden», los niños padecen de los oídos. Y es cierto, desde el punto de vista clínico, que algunas otitis resultan frecuentes cuando las parejas discuten sin cesar. Tal vez sea porque, a diferencia de otros órganos sensoriales, los oídos no pueden cerrarse por sí mismos y decir no al clima ambiental.

El niño crece por etapas

La educación debe adaptarse a las etapas del crecimiento infantil teniendo en cuenta unas características esenciales del ser humano.

La primera es que el bebé nace prematuro. Para dar un ejemplo muy claro: el sistema nervioso no termina su maduración y adquiere el funcionamiento que será el del adulto hasta el segundo año. Este hecho debería mover a reflexión a los partidarios de una formación demasiado precoz. No obstante, esta formación es posible, aunque no sea deseable, antes del dominio del lenguaje. Así, por ejemplo, la limpieza depende del contexto social.

170

C. Dubois, en su estudio de la población de la isla de Alor, observa que las madres se desinteresan enseguida de *la cuestión de la limpieza*. No hacen esfuerzo alguno para enseñar al hijo a caminar, hablar o controlar los esfínteres. Ahora bien, en conjunto son limpios hacia la edad de 3 años; no tienen ninguna tendencia a jugar con sus excrementos; el estreñimiento se desconoce.

Entre los indios navajos, las normas de limpieza se imponen con suavidad; sólo cuando el niño sabe hablar la madre le explica y lo educa...

Por el contrario, los miembros de las tribus de Manus, una de las islas del Almirantazgo, se esfuerzan por conseguir en el niño un control precoz y hacen hincapié en todas las funciones de eliminación, que se consideran vergonzosas; más tarde harán lo mismo para la función sexual.

E. J. Anthony distingue tres tipos de sociedades según la presión de la madre se considere severa, moderada o leve. Las madres estadounidenses e inglesas entrarían en la categoría de «severa».[6]

La segunda característica es la palabra. El lenguaje aparece de forma elemental hacia la edad de dieciocho meses, pero requiere que se le hable al lactante desde su nacimiento. También en este caso parece difícil que ciertos aprendizajes puedan efectuarse *antes* de esta aparición.

---

6. En J. de Ajuriaguerra, *Manuel de psychiatrie de l'enfant*, Masson.

¿Cómo tienen lugar los aprendizajes?

Los aprendizajes son el resultado de la *maduración*, completo desarrollo de los datos innatos, y de la *acción debida al ambiente*, responsable de lo adquirido. Los investigadores han estudiado las competencias del recién nacido y, cuanto más investigan, más descubren la precocidad de estas competencias. Resulta útil conocerlas ya que incitan a los padres a estimular y observar al recién nacido. En efecto, el aprendizaje, o sea, la adquisición de capacidades nuevas, se basa en unos datos orgánicos y reales. En primer lugar, en que el recién nacido nace provisto de reflejos «arcaicos». Estos reflejos no tienen nada que ver con los de Pavlov, sino con la estimulación del anca de rana que se aprendía en la asignatura de ciencias naturales. En efecto, se trata de reflejos medulares que, por lo tanto, *sólo* afectan a la médula espinal y no ascienden hasta el córtex. Por ejemplo, la estimulación de la palma de la mano ocasiona una *prensión* del todo involuntaria. Sin embargo, poco a poco este reflejo desaparecerá para dar paso a una prensión activa. Otro tipo de aprendizaje, muy elaborado, prescinde por completo del lenguaje. Es el que se sirve de los reflejos «condicionados». Un ejemplo es la *sonrisa*. Simple rictus que afecta a la boca al nacer, la sonrisa aparece cuando el bebé se duerme y seguramente se relaciona con sensaciones internas. Es desencadenada hacia la tercera semana por la voz femenina y más tarde, a la sexta semana, por el rostro humano. Después, la simple visión de la madre basta para calmar temporalmente el hambre, y la sonrisa se convierte de forma manifiesta en signo de un intercambio social.

Hasta el octavo mes aproximadamente, *el aprendizaje no pasa por la palabra y, por lo tanto, no puede apoyarse en la prohibición.*

Pero, ¿qué prohibición? En primer lugar, aunque no se trata de prohibirle nada al lactante, eso no significa que no haya que hablarle. Al contrario, hay que asociar desde el principio cada gesto con palabras, y aunque el niño no entiende las palabras, oye la música. En segundo lugar, aunque la madre esté por completo ocupada con su bebé, y esté muy justificado, eso no significa que no haga referencia al otro, empezando por el padre. Algunas parejas jóvenes con conocimientos sobre psicoanálisis le dirán que muy pronto su hija lactante vuelve la cabeza hacia su padre cuando llega. El caso es que lo ideal es que el lactante tenga la impresión de ser colmado por la madre —ya que su deseo se satisface de inmediato— pero también sentir poco a poco un ritmo que se le impone, o más bien que la madre le impone a su pesar. *Por ello, si hay una prohibición en esta fase —y la hay— se ejerce respecto a la madre.* La referencia de la madre es, ante todo, el padre, y ambos —en especial para un primogénito— devoran los libros que hablan de las capacidades del bebé. Los pediatras tienen en esta fase un poder directamente relacionado con su saber. Aprovechemos para repetir que una anomalía de la relación madre-hijo, incluso muy precoz, no «se pasará con la edad», y que una consulta al psicólogo puede prevenir reacciones de tipo autista que podrían llegar a ser graves. El padre también debe saber interesarse por el desarrollo del bebé, y ahora lo hace mucho más que en el pasado.

173

«Decir no» comienza antes del nacimiento

«Decir no» es, en este caso, una forma de hablar, pues en realidad esta fórmula resume simplemente el lugar del padre en el momento de la concepción. Y lo menos que puede decirse es que este lugar es variable.

La señorita R... se comporta como una auténtica amazona. Eso es lo que reivindica junto a su compañera, cuyo deseo trata de satisfacer. Esta dice un día que le gustaría tener un hijo. La señorita R... pasa una noche en un centro de acogida de emigrantes, vuelve embarazada y da a luz con el nombre de su compañera, a quien «regala» el niño. La compañera huye asustada. El sueño de la señorita R... se hunde: ella no deseaba ningún hijo, y como el niño no es legalmente suyo se ve obligada a abandonarlo. El futuro de este niño, que tiene un gran riesgo de llegar a ser psicótico, resulta inquietante. Por otra parte, es el caso de algunos niños nacidos sin padre, de mujeres que han decidido tener un bebé sin que el padre esté al corriente. Al llegar a la edad adulta, pueden caer en la locura.

Por ello, es fundamental que, desde la concepción, el niño esté provisto de dos padres que asuman su deseo. Por otra parte, son los matices del deseo de cada uno los que formarán las zonas de sombra que los padres olvidan y que el niño o el adulto persiguen de forma incansable. ¿El hijo fue deseado? Esta era la pregunta que formulaban algunos médicos hace varias décadas. Ahora

174

son los padres quienes lo afirman incluso antes de que se les pregunte. No obstante, la voluntad consciente de procrear no es una garantía de sinceridad, pues dominan las reacciones inconscientes. Algunos niños no deseados, concebidos por un fallo del método anticonceptivo o incluso que se han resistido a un intento de aborto, serán aceptados profundamente pese a todo. Otros, programados de antemano en función del calendario escolar o de los vencimientos de un préstamo, se sentirán más tarde poco queridos. Algunas circunstancias especialmente dramáticas merecen atención.

Ariadna nació de una violación y lo sabe. Fue adoptada por el marido de su madre, que la educa desde la edad de 2 años y cuyo apellido lleva. Ahora, al llegar a la pubertad, Ariadna presenta dificultades escolares, y sus padres se preguntan si «guarda relación con su nacimiento». Ariadna habla con facilidad de sus dificultades y llega a hablar de su concepción. Sabe que los agresores de su madre, que fueron condenados a largas penas, están aún en la cárcel, pero se le hace extraño no saber cuál es su «padre». Un día, al reflexionar sobre un reciente programa de televisión, exclama: «Pero, en el fondo, ¡es como si yo hubiese nacido de una fecundación in vitro!». Para ella es un medio de superar un problema que le parecía irresoluble.

Esta cuestión se plantea durante la reproducción asistida. Porque, si bien desde el punto de vista biológico es posible concebir sin padre, resulta difícil hacerlo y re-

175

chazarlo de antemano y sin que nadie intervenga a propósito de una voluntad que, sin embargo, por definición, implica el acuerdo de *dos* individuos. Este acuerdo se prolonga, a menos que se produzca un accidente, en la educación del niño, que —repito— necesita a dos personas para situarse. *Por eso, el «no» que podría formular el padre, o el otro cónyuge, no es tanto el no de la prohibición como el no a la omnipotencia de uno u otro.* Si lo que las feministas le reprochan al poder patriarcal es ser omnipotente, incestuoso y violento, comprendo su lucha. No obstante, cabe destacar que es muy frecuente en caso de incesto que las madres sean cómplices o no puedan poner límites a las acciones de su marido.

Esta limitación por parte de un cónyuge del poder del otro es algo esencial para la buena salud mental del niño, así como para su buena educación. Ello no implica una discusión continua, sino, por el contrario, un entendimiento profundo y una confianza que acepten la diferencia. Por ejemplo, la complicidad de la madre con su hijo, que teme el castigo de papá, debe poder ser relativa y tener en cuenta el deseo del hijo de mantener al padre informado de lo que se ha hecho, deseo disimulado por el miedo a que se entere. Así, cada uno de los padres, con su carácter y su temperamento, debe al mismo tiempo comprender a su hijo y tener en cuenta al otro. Por ello, una madre puede consolar a un niño que se refugia en ella después de ser castigado, sin que eso signifique que se desmarca de la autoridad del padre. Los niños «interrogan» a diario a los padres sin decirlo sobre sus ganas de haberlos traído al mundo. La buena respuesta consiste con mayor frecuencia en *ser* que en explicar. Ahora bien, este *ser* comienza de forma natural mucho antes de que se produzca el nacimiento, en el lugar que los hombres y las mujeres dejan para otros hombres y mujeres que los sustituirán en la tierra. Freud llamaba a esto la «sublimación».

Del nacimiento a los dos años

Es difícil dividir en fases los periodos de la vida del bebé, y basta hablar de etapas para introducir sin querer una norma que será contradicha por algún hecho precoz o retardado. Por ejemplo, conocí a un niño que no hablaba a los cinco años, al que sus padres llevaron de consulta en consulta, y que se convirtió en un brillante médico. Por otra parte, a veces los periodos que descubren los especialistas en el bebé no deben tomarse al pie de la letra. Es el caso, por ejemplo, del cambio del octavo mes descubierto por el gran psicoanalista estadounidense René Spitz. Según él, a partir del octavo mes el niño sólo sonreiría a sus familiares y manifestaría llantos y un giro de la cabeza ante un rostro extraño. Esta angustia ante los extraños correspondería al disgusto que siente el lactante por no ver a su madre, con la que ha establecido un verdadero vínculo. Pero no todos los niños experimentan esta angustia del octavo mes. Françoise Dolto decía que era el caso de aquellos cuya madre les hablaba lo suficiente para infundirles confianza. Sea como fuere, se puede situar de forma aproximada el periodo a partir del cual el niño aprende la *prohibición* precisamente en el octavo mes.

177

Antes de los ocho meses

Antes de este periodo, el lactante es un ser comunicativo, pero aún no comprende el sentido de las palabras. Eso no significa que no sea necesario hablarle, muy al contrario. Incluso hay que acompañar de palabras todos los intentos que hace por comprender el mundo que lo rodea, además de estimular sus adquisiciones. Comienza a aguantar erguida la cabeza, se da la vuelta, se sienta y se pone a cuatro patas al final de este periodo, y a partir de los 6 meses de edad reconoce su imagen en el espejo. *Pero no es cuestión de negarle nada* al lactante. Si llora, primero hay que buscar lo que le molesta. Puede llorar por distintos motivos: cuando su pañal está sucio, cuando tiene cólicos... Hay que responderle, y acunarle o darle un chupete sólo cuando todo lo demás ha fracasado. Los cuidados de la madre son más importantes que nunca, y hay que ayudar a esta a cumplir una tarea difícil, sobre todo si es primípara. La madre no debe sentirse sola. Algunas madres por ejemplo recuerdan con horror la soledad de la maternidad cuando a su marido le daba pánico la idea de ir a verlas. Estas tendrían una buena disculpa para prescindir del marido, pero no es un motivo para tomar solas una decisión tan fundamental como la elección del nombre, como en la historia que se cuenta a continuación.

Federico se llamó Claudio durante tres días. Tres días durante los cuales se quedó solo con su madre, ambos prácticamente «abandonados» por el padre,

178

que, como les sucede a algunos, reaccionó con la huida ante el anuncio del parto de su mujer. Este comportamiento es la variante invertida de la obsesión patológica del padre. El caso es que, a su regreso, su padre se entera de que el hijo se llama Claudio. Se precipita al ayuntamiento y cambia el nombre por el de Federico, que había escogido antes con su mujer. Esta debió dar el nombre de Claudio sin reflexionar, llevada por la angustia del abandono.

Las madres pueden presentar después del parto un tipo de depresión muy conocida y pasajera. Esta depresión se explica cuando el niño sufre malformaciones o anomalías, pero también cuando es hermoso y sano. Lo que ocurre es que el niño real siempre es distinto del niño ideal imaginado durante nueve meses o más. O que la llegada del niño real, aunque corresponda al niño ideal, marca el final del sueño. Otras madres pueden experimentar trastornos más graves que hay que tratar en lo posible sin separarlas del bebé, que es la causa desencadenante. Así, algunos hospitales están dotados de unidades madre-hijo para tratar estos casos difíciles. La llegada de un niño no es una prueba sólo desde el punto de vista físico, sino que se acompaña de un verdadero esfuerzo mental. Las tareas materiales y las satisfacciones proporcionadas por el bebé suelen compensar de sobras el duelo por el niño ideal. El niño real y su madre establecerán una verdadera relación exclusiva cuyo horizonte, aunque sea lejano, es la separación, y el padre está ahí para recordarlo. Aunque la madre reacciona ante los progresos del

179

niño, este se resiente también de la actitud intensa de su madre. Lo que ocurre es que sólo tiene su cuerpo como medio de expresión, por lo que puede generar algunos síntomas. Así, los cólicos del primer trimestre descritos por mi maestro André Hennequet se caracterizan por instalarse en niños normales, de ocho a diez días después del nacimiento, tras el regreso de la madre al domicilio. Se caracterizan por unas crisis que se producen cinco o seis minutos después de la toma, y sobre todo después de las tomas de la segunda parte del día. El examen es normal, al margen de cierta aerofagia. Se han formulado diversas hipótesis; una cosa es segura, y es que la mayoría de los tratamientos son ineficaces, a excepción de la succión y la mecedura. Es más que probable que sea la ansiedad de la madre que se transmite al niño. Al cabo de tres meses, en el momento en que el bebé puede empezar a tener un comportamiento intencional y activo, los cólicos cesan como por arte de magia.

A partir de los ocho meses

El niño empieza a desplazarse a cuatro patas. Explora el mundo que le rodea y no se le puede quitar el ojo de encima. Esta fase durará prácticamente hasta el tercer año. Aunque comprende las prohibiciones e incluso es capaz de obedecer, no tiene memoria alguna. No se le debe castigar cuando se le descubre jugando con sus deposiciones ni cuando sube los peldaños de la escalera. Todo ello forma parte del comportamiento normal. Al final de este periodo, en el momento en que empieza a hablar, es decir, a asociar dos palabras, muestra ese comportamiento de oposición tan característico (véase el caso de Javier, capítulo 7) que se acompaña de obstinación. La actitud de los padres debe ser flexible. Algunos defienden la distracción, es decir, llevar al niño hacia otra actividad distinta de la que se la acaba de prohibir. Otros le llevan la contraria, lo cual no parece ser una solución ideal. En cuanto a las rabietas, también en este caso la actitud difiere. Algunos las dejan pasar, mientras que otros no las toleran. En cualquier caso, a partir de esta época no sólo puede sino que debe empezar a formularse la prohibición. Por otra parte, el niño verifica su permanencia: así, por ejemplo, acerca la mano al enchufe buscando al adulto con la mirada y repitiendo «no». Los padres deben ser coherentes: una prohibición transgredida y no seguida de la palmada prometida (porque sí, hasta los 18 meses-2 años, puede ser un eficaz medio ocasional cuando la autoridad de la palabra no basta) abre el camino a la supremacía del niño sobre sus padres, supremacía que no es deseable ni para el uno ni para los otros. Ahora bien, este primer aprendizaje, como todo lo que es primero, resulta esencial para el futuro. Algunos fallos pueden corregirse *ya a partir de este periodo* con la ayuda de un psiquiatra infantil o un psicoanalista. Para ilustrarlo, veamos el caso de Diana:

Diana, de 9 meses, padece de insomnio. Sin embargo, adquirió el sueño a los 2 meses, pero desde la edad de 6 meses se despierta cada hora. Los padres esperaron varios años antes de tenerla y se deciden a consultar directamente a un psiquiatra infantil. Este les escucha con atención para hacerse una idea del trastorno en cuestión. La madre cuenta que tuvo un absceso de la pared abdominal dos meses y medio después del parto, por lo que ya no podía llevarla encima. Diana gritó sin parar durante un mes. En cuanto su madre la cogía, cesaba todo. Por eso, pensaba, con cierta lógica, que el insomnio de su hija tenía el mismo origen. Las cosas podrían haberse quedado así, pero había que tratar este síntoma, que se resistía a los medicamentos. Me entero de que seis meses después del parto la madre de la señora se mudó a casa de ellos para acercarse a su hija y ocuparse más de la pequeña. Además, la madre asimila el carácter de la abuela al de su hija: ¡las dos son insoportables y tienen la misma voz! En definitiva, me doy cuenta de que este insomnio real no corresponde a una falta de presencia como cree la madre, sino a una sobrecarga. Por otra parte, los padres no pueden más. El padre prácticamente ha dejado de dormir y se vuelve irritable. El otro día estuvo a punto de irse a dormir a un hotel. Su mujer, angustiada y culpabilizada, no lo escucha y se pasa las noches de pie, durmiendo a su hija en brazos. Será la única consulta de esta familia: les digo a los padres que hay que romper este círculo vicioso y que deben dejar llorar a su hija. Espero noticias y decido telefonear: han avisado a todo el inmueble desde el día indicado. Tres días después, Diana volvía a dormir toda la noche.

Criar a un niño menor de 2 años es un verdadero «adiestramiento» que, no obstante, debe *acompañarse*

182

constantemente de palabras. Del mismo modo que es necesario respetar el llanto de un recién nacido, también es imprescindible imponerle unas normas al niño que crece. Si los padres fallan en una etapa, se ven fácilmente desbordados por un comportamiento que abruma a todo el mundo. Por ejemplo, la actitud de la madre de Diana se vuelve enseguida ambivalente, es decir, que está dividida entre dos sentimientos opuestos e iguales: la lástima y la exasperación. Estos dos sentimientos coexisten cuando toma a su hija en brazos y se transmiten, sin palabras, a través de sus propios gestos. Estos calman pero angustian a la pequeña, lo que perturba su sueño y crea el círculo vicioso.

La agitación del niño pequeño

Algunos niños muy inquietos hacia la edad de 18 meses son francamente insoportables. Nada parece satisfacerles, pues su agitación va de la mano con el comportamiento de oposición. Nos hallamos ante una verdadera inestabilidad llamada psicomotriz (o también denominada hiperactividad) que por desgracia algunos neuropediatras tratan con medicamentos. Sin embargo, esta inestabilidad cede a veces de forma progresiva con la *adquisición del lenguaje.* Todo sucede como si gran parte de la agitación se debiese a que el niño no puede expresarse y reacciona así ante la incomprensión del entorno.

183

A partir de los dos años

A partir de los dos años de edad, el habla cambia de forma considerable las relaciones entre padres e hijos, siempre que se sepa utilizar esta forma de expresión desigual, que basta para restablecer, con su aparición, situaciones casi desesperadas.

Ya hemos visto (pág. 171) que en algunas tribus los niños dejados a su aire adquirían solos la limpieza a los tres años. En cualquier caso, no cabe duda de que el lenguaje (lo que se formula y lo que no) modifica de forma considerable el aprendizaje que sucede a la instrucción. El aprendizaje hablado es fuente de satisfacciones que incitan a progresar. Y progresar no es otra cosa que aceptar el abandono de los comportamientos regresivos y basados en la búsqueda del placer por una actitud nueva más interesante, pero menos agradable de forma inmediata. Así, si jugar con las deposiciones o ensuciarse puede ser agradable, ¡estar limpio también tiene sus ventajas! Lo importante es saber que «cada edad tiene sus placeres». Si no se respeta el tiempo necesario para pasar a la etapa siguiente, esta será difícil de pasar, pues sufrirá de la nostalgia de la anterior. La adquisición de la limpieza diurna y luego nocturna es un buen ejemplo. Está reconocido que poner a un niño demasiado pronto en el orinal, antes de que camine, favorece la pasividad posterior e interrumpe la etapa en la que hace donación voluntaria de sus deposiciones. Más tarde, pueden surgir dificultades como las que presenta Luis (capítulo 4).

184

Luis es un niño de 3 años que no quiere ir a «hacer caca en el váter». Reclama pañales y actúa en general como un bebé, justo cuando se lo acaban de poner. El periodo de oposición se prolonga mucho. Su padre se siente fascinado por él porque le recuerda a su propio padre, que tenía autoridad sin tan siquiera necesitar manifestarla. La madre le reprocha a su marido que no es lo bastante severo. Él le responde: «Es un bicho, yo era igual». De forma curiosa, añade: «Es una suerte que tenga ese carácter». El comportamiento de Luis resulta un tanto inquietante: hace lo que le da la gana, entra y sale cuando le apetece. Su padre no quiere contrariarlo, pero mientras que no hay manera de ponerle en el orinal en casa, no tiene problemas en el colegio. El padre suele estar ausente por la noche, ya que forma parte de una asociación que le ocupa las veladas libres con reuniones. Luis aprovecha para levantarse por la noche e ir a ver a su madre con la excusa de que «tiene algo que decirle». La madre habla con facilidad de su familia: aunque no acusa a su padre de autoritarismo, se ha dado cuenta de que «no tenía ganas de vivir lo que su madre había vivido». El simple hecho de haber venido una vez a hablar de todo esto mejora el carácter de Luis. Acepta hacer pipí solo sin que se lo pidan, pero persiste en tener miedo del inodoro y declara incluso que «le da miedo caerse dentro». Si en el colegio va es porque allí los váteres son «más pequeños». Además, Luis es irritable y cierra la puerta dando un portazo cuando no encuentra lo que dejó en la consulta de la semana anterior. Más que complaciente, el padre confiesa que a su edad él cedía al cabo de cierto tiempo, mientras que Luis no cede nunca. Por otra parte, este último está furioso porque sus padres vienen a hablar de él con un desconocido y se niega a hablarme, aunque me guiña el ojo.

A pesar de todo lo que acabo de explicar, los padres acuden a pedir ayuda, como si Luis tuviese una enfermedad que necesitase tratamiento. No es cuestión de acusarles a ellos. Estos padres están pidiendo que se les ayude a ser padres, fingiendo pensar que todo viene del niño. Mientras hablamos y Luis va de un lado para otro se dan cuenta de que tienden a relacionarlo todo con el niño y de que harían bien en verse un poco más los dos.

No hay que creer que las cosas son tan simples y que basta que el padre actúe con rigor para que todo vuelva a la normalidad. Por otra parte, el padre se ve obligado a dar una zurra cuando se queda sin argumentos. Cuando los padres refunfuñan, Luis tiene un tic: gira un trozo de tela entre los dedos. También ha habido que darle un hipnótico para romper el círculo vicioso y no conformarse con la zurra de la noche. Hace poco Luis se ha bebido el agua de un charco y ha comido arena, pero acepta hablar conmigo y me dibuja una gran serpiente.

La mejora es progresiva. El padre ha comprendido que debía estar más presente. Luis lo acoge con alegría y tras un estreñimiento de dos días y medio defeca por primera vez en el inodoro, pero sigue provocando.

Ayer, en la bañera, con su hermano tres años mayor, amenazó con orinar en el agua, aunque finalmente fue al orinal. De forma paralela, hace y se hace preguntas sobre el sexo de su madre, a la que pregunta «si hace pipí por el culo o por la patata» (sic). Ahora, cuando orina en el orinal se siente orgulloso. Está más tranquilo y duerme bien; pide mimos a su padre y a su madre, lo que constituye una novedad. Es su padre quien lo pone en el orinal y se acuesta después. De vez en cuando hay regresiones. Luis vuelve a pedir el pañal por la noche, ¡pero cuenta las veces que va al orinal! El chantaje tampoco funciona mal: las recompensas contra las deposiciones. Esto coincide por completo con la opinión de los psicoanalistas y en primer lugar de Freud, ¡para quien las deposiciones son un regalo hecho a la madre! Hasta el día en que la madre quita el pañal por la noche diciendo: «¡Ahora ya eres mayor!».

Ni demasiado pronto, ni demasiado tarde

La educación del niño entre la formación y el aprendizaje requiere la autoridad de los padres, pero esta no se manifiesta de forma unívoca. Aunque al principio es el encuentro de los padres lo que permitirá un primer reparto de papeles, la llegada del hijo introduce un nuevo orden. Por supuesto, la forma en que la madre reacciona ante el carácter del lactante, lo que reconoce en él y cómo favorece su maduración es uno de los misterios de la instauración de esta relación con el bebé. El padre, sobre todo con su presencia y a veces sus observaciones, es un elemento natural para favorecer la apertura de esta relación hacia el exterior. Pero al principio —hay que reconocerlo— es el *cuerpo* el que dicta la ley. También al principio, la madre reaccionará con los *gestos* y, aunque el niño entienda la prohibición, se requiere una intervención manual. El habla se aprende, y gracias a ella se aprenderá aún más. Si el habla forma el grado superior del aprendizaje del no y de la educación, en demasiados casos es abandonada en provecho de la fuerza. En cualquier caso, lo que nos enseña este paso por la educación son dos cosas esenciales:

— esta debe ser precoz. En cierto modo, puede decirse que a los dos años la suerte está echada;
— es necesario que la prohibición llegue en el momento adecuado. Ni demasiado pronto, ni demasiado tarde.

X
La educación en la escuela

La educación prosigue en la escuela. Esto significa, por un lado, que la función de la escuela no se limita a la pedagogía y a la enseñanza, y, por otro, que la educación es también un aprendizaje. Añadamos que la educación precoz guarda relación con el aprendizaje escolar y que la invención de la escuela obligatoria es relativamente reciente. Todo esto da una idea de la complejidad de los problemas que se plantean entre los padres, el maestro y el niño bajo el lema de la prohibición y la ley. Los padres no son los únicos que imponen normas; la escuela también las pone, y a veces son contradictorias.

La escolarización obligatoria: el Estado y la ley

Comencemos, pues, por la obligación escolar, que limita ya el poder de los padres sobre la educación que pretenden proporcionar a su hijo. El niño comprende muy pronto que la separación de los padres y sobre todo de la madre es una imposición. Sólo hay que ver a las madres el primer día de parvulario: ¡no solamente lloran los niños! La actitud de los niños de dos o tres años que acuden por primera vez al parvulario depende de la facultad anterior de la madre para *separarse* del niño. Casi siempre, el niño que tiene dificultades para separarse de su madre *revela en esta* la angustia inconsciente de confiarlo a otra persona:

> La madre de Celia (capítulo 6) me había traído a su hija de 9 años por dificultades escolares en tercero de primaria. Esta presentaba un bloqueo masivo. «Da muchas preocupaciones a su madre», me dice el padre, y añade: «Está muy apegada a ella, no ha cortado el cordón umbilical, rechaza el colegio desde el parvulario». En cuanto se encauza el tratamiento mediante psicodrama individual, deja de llorar para ir al colegio, deja de tener dolor de tripa antes de ir y deja de aferrarse a su madre. La propia madre dice que habría que «separar a Celia de su madre pero sin estropearla» (sic). Y añade sin reflexionar: «Me da miedo que me la *estropeen* en el colegio». ¡Esta madre ha sido maestra durante veinticinco años!

Este miedo tiene el mérito de expresarse y explica la reticencia de algunos padres a enviar a sus hijos a la escuela. Una reticencia que llega a veces hasta hacer —en ciertas condiciones— la escuela en casa.

> La madre de Pablo es maestra. Su marido es violonchelista en una gran orquesta. Ha decidido enseñar ella

LA EDUCACIÓN EN LA ESCUELA

misma a sus hijos debido a sus capacidades y a la lejanía del colegio, y ha obtenido una autorización de la Inspección de Enseñanza. Pablo se muestra totalmente refractario a la enseñanza materna; es disléxico. Invierte las sílabas y las letras, y es incapaz de dividir una palabra en función de lo que oye. No obstante, su madre lo obliga a hacer dictados que acaban en llanto. Por un mecanismo complejo y enigmático, Pablo no llega a rebelarse de verdad y, por el contrario, trata de hacerlo bien y se culpabiliza por sus fracasos. Más tarde, expresará su rabia por no haberse podido quedar en la escuela como todo el mundo.

En el caso de Pablo, la obligación escolar eludida por los padres coincide de forma poco afortunada con el aspecto posesivo de la madre. Eso ocasionará en Pablo unos trastornos que no habrían tenido razón de ser. Pero la propia *obligación* escolar, con lo que implica de violencia encubierta, sobre todo cuando se acompaña de un igualitarismo ciego, *provocará una inversión muy conocida de las relaciones de causalidad.* Todo es «culpa» del docente. Ya no es el alumno quien no trabaja; son el maestro o el profesor los que no son buenos. Este mismo profesor se convierte también en «agente» de Enseñanza y en causa del fracaso.

Mateo, de 13 años y medio, está en sexto de primaria. Tiene una inteligencia muy superior a la media. Piensa que los profesores lo acorralan *adrede* cuando no sabe algo. Si no aprueba, es porque los profesores dictan demasiado rápido. Le tienen manía desde que ha cambiado de clase. A pesar de su elevado coeficiente intelectual, escribe como «texto libre»: «No me gusta el colegio salvo me gusta pas bricolaje a lo juegos con mis amiga» (sic). El padre se muestra positivo: aprecia las capacidades de su hijo para el bricolaje. La madre lo acusa de pereza y de malas intenciones. Para ella, todo empezó a los 9 meses: se mostraba revoltoso y gritaba por las noches. No soportó la separación en el momento de entrar en el parvulario. La madre acusa al padre de darle patadas y puñetazos. Pero ella también reconoce ser irritable y ansiosa: «Queremos saber todo lo que pasa en el colegio».

Esta persecución imaginaria por parte del colegio es compartida a veces por los padres, incluso y sobre todo cuando, como en el caso de Mateo, todo empieza en casa y la familia no acepta esta *separación* obligatoria. Pero la persecución no siempre es imaginaria; se encuentran argumentos reales que no pueden dejar de inducirla.

Así, la madre de Samuel, de 12 años y en primero de ESO, ella misma profesora, me cuenta lo que ocurre entre algunos profesores de secundaria. A estos, según me dice, se les califica según los progresos que hacen sus alumnos durante el curso, progresos que se miden por la mejora de las notas. Por ello, tienden a poner malas notas a principio de curso para mejorarlas después de forma progresiva. Esta práctica resulta deplorable, ya que desanima a algunos alumnos a principio de curso y por lo tanto genera fracasos escolares. Por fortuna, es excepcional, y los profesores

192

que conozco, por el contrario, se sienten tan cercanos a sus alumnos que se preocupan cuando hay exámenes.

La escuela para todos o la necesidad de prohibir

La escuela laica, obligatoria y gratuita es una clara adquisición de la democracia. Los tres adjetivos van juntos, ya que una escuela *obligatoria* sólo puede ser laica y gratuita. No obstante, estas cualidades se contradicen con los hechos. En efecto, si la escuela se proclama laica tal vez sea porque la función docente es un sacerdocio. Si es obligatoria, es porque aprender no es un placer. Y, por último, la gratuidad tal vez trata de negar la deuda que contrae todo alumno con el maestro. Además, la escuela pública pretende estar abierta a todo el mundo, cuando su propio funcionamiento es segregativo en esencia. Así, todo profesor trata de obtener la clase más homogénea posible para no retrasar a los más adelantados. Por lo tanto, la escuela se basa en una selección permanente. Pero es cierto que no es segregativa a la entrada y que, si lo es, es sobre criterios pedagógicos y no sociales. Ello no impide, por un lado, que estas segregaciones suelan coincidir desde el punto de vista estadístico y que, por ejemplo, las dificultades escolares continúen afectando a los más desfavorecidos,[7] y, por otro, como muestra el

---

7. M. Vial, M. Stambak, E. Burguière: «Pourquoi les échecs scolaires dans les premières années de scolarité?», en *Recherches Pédagogiques* n.º 68.

¡PADRES, ATREVEOS A DECIR «NO»!

mismo estudio, *la mitad* de los niños no recorren la enseñanza primaria en los años previstos.

¿Hay que sancionar los resultados escolares?

Sí y no. Podría pensarse que las notas se bastan a sí mismas. Atestiguan el crédito que le dan los padres al maestro, cuya función consiste en sancionar el trabajo escolar. En realidad, hay que considerarlas unos simples indicadores y no fiarse sólo de ellas. Los castigos o las recompensas deben tomarse más bien en conjunto.

La recompensa puede ser una motivación, pero, del mismo modo que no basta para hacer que un niño progrese, tampoco el castigo le hará superar sus dificultades escolares.

Ahora bien, las dificultades escolares responsables del fracaso escolar se observan no sólo en el ciclo inicial de la enseñanza primaria, sino ya en el *parvulario*. A menudo incluso he constatado que el primer contacto con la escolarización constituye un trauma para algunos niños. ¿Por qué? Porque el aprendizaje se lleva a cabo desde el punto de vista de la *emulación* y el *control*. Sin embargo, ciertos niños que no soportan ninguna de las dos cosas por razones psicológicas rechazarán muy pronto el aprendizaje (y en algunos casos desde el primer momento).

— *La emulación* remite de inmediato a las cuestiones de rivalidad y celos entre hermanos. El niño que sufre con este tipo de sentimientos —y son muchos— reaccionará en función de lo que viva en su familia.
— *El control* es casi un automatismo para el adulto. Es el simple hecho de preguntarle a un niño que acaba de leer un tebeo lo que ha entendido. Algunos niños reaccionarán bien, mientras que otros se rebotarán de inmediato.

¿Qué hace la escuela para evitar esto? Pues bien, la escuela tiende a reaccionar negando el problema. Para darse cuenta, basta leer las circulares ministeriales. Niega el problema porque al principio lo provoca, y luego trata de remediarlo de una forma pedagógica, es decir, anulando la dimensión psicológica *inconsciente*. Por ello, se establece una relación sadomasoquista entre el maestro y el alumno, el uno activo y voluntarioso, el otro cada vez más pasivo. Después resulta muy difícil invertir el curso de las cosas, sobre todo porque se lleva al niño al psicólogo lo más tarde posible. Los padres y algunos maestros temen que los problemas que se dan en casa sean del mismo orden que los que vive el niño en el colegio, y tanto unos como otros tratan el problema mediante la persuasión.

Juan Carlos, de 8 años, ha estado en una clase de adaptación. Todo empezó el primer día del primer curso de primaria, cuando se bloqueó de repente con la maestra. Tuvo en esa época unos terrores nocturnos

195

que nadie relacionó con el problema escolar. Lloró mucho el primer día del parvulario y tuvo insomnio de muy pequeño. Al principio, este niño no tiene demasiadas ganas de ver a un psicólogo. Según dice, su única dificultad es tener que contenerse para no abrir la nevera y coger comida. Piensa que su maestro o su dentista (sic) pueden ayudarle lo suficiente. Más tarde acepta hablar, pero la madre dice que se niega a venir y que tiene crisis en la mañana del día en que tiene cita. Incluso le ha dicho: «¿Sabes, mamá? Soy capaz de ayudarme yo solo». Después de que fracase la psicoterapia indicada, le propongo un psicodrama individual en el que otros psicoanalistas representarán las escenas que él proponga. Nos damos cuenta entonces de que este niño no tiene ninguna noción de la diferencia entre sexos y que culpabiliza mucho su agresividad, aunque sus padres no se muestran severos. En las escenas escolares, muestra sucesivamente, en el papel del maestro o en el del alumno, miedo a ser golpeado y, al contrario, un disfrute sádico al dar zurras, mandar a otros al rincón y castigar injustamente. Tiene una visión maniquea de las relaciones entre el maestro y el alumno. En su colegio, el maestro tiene todo el poder, puede pegar a su gusto y no tiene que rendir cuentas a nadie. El padre no tiene derecho a decirle nada al maestro. ¡Sólo manda en su casa! El niño tiene que aprender, aprender para trabajar cuando sea mayor. Por otra parte, confunde al maestro con el policía, y de mayor quiere ser policía. Para él, el saber es el equivalente a un tesoro que no tiene derecho a codiciar.

Este caso demuestra que la escuela *revela* problemas invisibles en casa. Invisibles pero latentes, lo que explica a menudo la reticencia de las familias a hablar con un especialista. Sin embargo, no existe un vínculo directo entre unos problemas familiares en concreto y determinada dificultad escolar, porque el niño ha transformado las cosas en su propio inconsciente. Así, la relación que Juan Carlos vive con su maestro revela un modelo de vínculo que se ha fabricado en casa, pero sin que exista semejanza aparente entre su actitud en casa y en la escuela. A veces incluso se observa lo contrario, como en el ejemplo de Sergio.

Sergio, de 8 años, en tercero de primaria, experimenta violentos ataques de ira en casa. En el colegio, es un niño dulce, bastante tímido y temeroso. Es hijo único, objeto de toda la solicitud de su madre. Su padre, mucho mayor que ella, viaja a menudo al extranjero por cuestiones de trabajo. Sergio se muestra muy exigente con sus padres, para quienes lo es todo. Muchas noches juegan a las cartas los tres. Sergio es muy mal jugador, hace trampas o deja de jugar si no tiene buenas cartas. En definitiva, en casa es como un dios. En el colegio es todo lo contrario. Ha intentado que le obedeciesen las niñas, pero estas le mandan a paseo. Con los niños la cosa no va mucho mejor. Se siente fascinado por los más fuertes y se pone a su servicio de buen grado porque es muy miedoso y necesita que lo protejan. El comportamiento en el colegio debe ponerse en paralelo con el de casa. En casa es un privilegiado, pero un privilegiado de los que antes recibían el nombre de niño mimado. Su madre se lo permite todo, su padre no interviene en su relación; esta situación no está hecha para curtirlo. Al contrario, en el colegio es aterrorizado por los más violentos y oculta este terror convirtiéndose en el subalterno de los más fuertes.

Los niños se organizan muy pronto según unas modalidades simplistas en las que reinan las nociones de dominante y dominado. Y muchos conflictos exacerbados podrían reducirse a rivalidades entre «intelectuales», sensatos pero arrogantes, y futuros «trabajadores manuales», fuertes y susceptibles. Para defenderse en esta jungla, más vale ir armado. Ello depende de la educación. *Un niño al que no se ha sabido decir no es un niño frágil.* No sabe lo que es la frustración y va a remolque de los demás porque siempre está necesitado. Ese era el caso de Sergio. Sus padres no le habían enseñado a poder decir no a los demás porque nunca le habían dicho no a él. Así, sufría por este desfase entre la escuela y la casa, y le daba rabia no poder imponerse en el colegio como en casa. Esta diferencia de comportamiento entre los dos lugares corresponde en realidad a un grave defecto de su educación, que no ha sabido preparar al niño para enfrentarse a un ambiente exterior.

La familia y la escuela

La escuela revela un defecto educativo de la familia. A menudo el niño comprende que la escuela le impone

198

nuevas reglas y se esfuerza al máximo para adaptarse a ellas. Cuando es lo bastante fuerte para ello, afronta este nuevo ambiente con la voluntad de arreglárselas solo y sin ayuda.

Jorge, de 6 años, está en P-5. Preocupa a sus padres por su extrema agitación, que perturba mucho su trabajo escolar. Los padres se inquietan porque están en una fase de transición. El padre acaba de aprobar unas oposiciones de muy alto nivel que le harán cambiar de trabajo. La madre ha solicitado el traslado en función del próximo destino de su marido. Jorge tiene una hermana de 3 años. El niño me indica las apreciaciones que recibe de su maestra: bien, excelente, notable, muy deficiente, aprobado. Por las noches no puede dormir. Sueña que «una niña se cae de la torre Eiffel». Está muy contento de que sus padres lo hayan llevado a ver a alguien con quien hablar. Incluso se lo cuenta a su hermana. Pero su agitación ha dado paso a cierta tristeza. Se muestra nervioso por el colegio, menos alegre y menos contento. Sin embargo, se pone a trabajar mejor y duerme mejor. En psicodrama individual, interpreta las escenas escolares, en las que demuestra que quiere arreglárselas solo, sin ayuda, y no soporta en absoluto que sus padres vayan a ver a la maestra. Los padres, muy colaboradores, están estupefactos ante la mejoría de Jorge.

Los niños comprenden enseguida que la escuela les ofrece un ambiente nuevo, en consonancia o en rivalidad con el del mundo familiar. Por supuesto, eso depende de la forma en que los padres les han presentado la escuela. El historial de los padres en la escuela cuenta mucho en este ámbito, y eso condiciona su relación con los profesores. Algunos padres, enfadados con su propia escolaridad, pueden mostrarse agresivos con los maestros. A otros, por el contrario, de nivel muy superior, les cuesta aceptar que su hijo les dé un poder desorbitado. En realidad, todos ven en la persona del maestro o de la maestra a un rival al que cuesta admitir. Por eso, los encuentros entre padres y maestros tienen suma importancia para el niño. Estos encuentros aplacan la rivalidad imaginaria. Muchos niños temen y desean a la vez estos encuentros, y es muy importante para ellos que sus padres acepten el juego de esta confrontación, a veces difícil para ellos. Se trata de un diálogo imprescindible, sobre todo porque los profesores perciben de forma distinta a los niños cuando se han entrevistado con los padres y se han sentido reconocidos como interlocutores. En efecto, la escuela nació porque los padres no podían hacerlo todo y porque llegaba un momento en que ya no estaban a la altura de la escolaridad de sus hijos. Esto enfrenta al niño con la idea de una insuficiencia del padre o de los dos progenitores, insuficiencia real o, por el contrario, totalmente ficticia. En cualquier caso, el niño se ve obligado a *comparar* a sus padres, lo que casi siempre le lleva a adoptar su opinión. Pero no olvidemos que la vocación de la primigenia escuela progresista en la imaginación de sus pioneros era (y sigue siendo) arrancar al niño de sus orígenes mediante la educación y darle los medios necesarios para superar los límites de su clase social.

Si la escuela desvaría

Por lo general, es necesario para el niño que los padres respalden al maestro, y viceversa. Pero esto no resulta válido cuando existe error, medida vejatoria e inútil o injusticia manifiesta en el comportamiento del uno o de los otros. Así como los profesores se permiten citar a los padres e informarles de sus observaciones cuando tienen la sensación de que algo no funciona en casa, los padres también pueden interrogarles; no deben mantenerse en una posición de niño impotente ante la omnipotencia del maestro.

Carolina, de 10 años, bastante poco interesada por la clase, se ha esforzado de forma excepcional para un trabajo escolar que debía hacer en casa. Incluso ha pedido un poco de ayuda a su hermano mayor —cosa que no está en absoluto prohibida para un trabajo en casa—, que siempre ha sido brillante y con el que las relaciones suelen ser tempestuosas. El maestro mira su trabajo, lo lee en voz alta y pide a la clase que juzgue si ha podido hacer su trabajo ella sola. Ante la respuesta negativa, el maestro le pone un 0. Claro está, la niña vuelve a casa hundida y, por supuesto, no quiere que sus padres hablen con el maestro, pues teme el enfrentamiento.

Si los padres no se manifiestan, equivaldrá a «dejarla tirada» y a respaldar una injusticia, una injusticia flagrante a la que se añade una ofensa en público, desalentadora de forma evidente. No pueden abstenerse. Sólo el diálogo puede resolver la situación sin un enfrentamiento en perjuicio de la niña. Puede producirse un error, los propios padres se equivocan a veces. Entrevistarse con el maestro para hablar de ello en frío, con toda tranquilidad, subrayar todo lo que tenía de positivo ese trabajo, tendrá el efecto, por un lado, de hacer que este preste más atención a la niña y, por el otro, de tranquilizar al niño sobre sus referencias, de demostrarle que es posible defenderse y respaldar una posible relación sadomasoquista.

En un estudio que efectué en 1995, observé que casi el 80 % de los niños con fracaso escolar habían tenido trastornos en la primera infancia. Estos trastornos reflejan los recursos de los que dispone el lactante para expresarse: a través de su cuerpo y en dos esferas esenciales. En primer lugar, la esfera digestiva, con la anorexia, la bulimia, el estreñimiento, los cólicos, etc. Y no puede evitarse establecer un vínculo entre estos trastornos y la forma en que se habla de las adquisiciones escolares. Un niño *devora* los libros, a otro le *asquea* la lectura. Un niño está *harto* y no tiene ninguna gana de *asimilar* una lectura que *digiere* mal. Por no hablar de todo lo que es una «m...» por representar una obligación, del *atracón* escolar, de la *falta de ganas* en la escuela, etc. En segundo lugar, los trastornos del sueño, que son menos simbólicos pero traicionan bastante bien el funcionamiento psíquico. El olvido de los sueños puede asimilarse al olvido de las lecciones, y la pesadilla se asocia fácilmente con los cuentos fantásticos o las películas de terror, que gustan mucho a algunos niños.

El aprendizaje, la familia y la escuela

El comienzo de todo aprendizaje se lleva a cabo en la familia con la madre. Los inicios de la vida en el plano de la alimentación y el sueño son etapas insoslayables de la educación básica.

La forma de educar, es decir, la facultad para los padres de *poner límites*, se refleja más tarde en el aprendizaje escolar. Un niño que rechaza la comida, por ejemplo, puede muy bien reproducir el comportamiento en el ámbito escolar a través de un fenómeno de *desplazamiento* muy corriente.

> Alicia, de 8 años, tiene graves problemas en cálculo. Dice que no conoce la multiplicación y aún menos la división, mientras que conoce bien la suma. Trato de explicarle que la multiplicación es una forma de suma. No hay nada que hacer. Ni siquiera puede decir cuánto es cuatro y cuatro. Puede decir que un solo cuatro equivale a *una vez* cuatro, dos cuatros a *dos veces* cuatro, pero al llegar a tres, ya no sabe contar, en lugar de *tres veces* dice *cuatro*. En realidad, Alicia tuvo muchos problemas con sus padres, que se separaron y han vuelto a vivir juntos. Y, sobre todo, no tiene nada de apetito; lograr que coma es una lucha continua que se parece mucho a la que acabamos de tener los dos a través del cálculo. En su dibujo no hay nadie, salvo un perro que se encuentra junto a un hueso para roer.

Por lo tanto, existe una relación entre la primera infancia y el aprendizaje más elemental. Pero más tarde también existirá un vínculo entre las relaciones con los padres y con los profesores. También en este caso, un desfase, una oposición, un conflicto entre estos adultos tan complementarios pueden crear en el niño un malestar, una fuente de problemas escolares.

Bruno tiene 8 años y cursa tercero de primaria. Se muestra distraído, pero también provocador, ¡por ejemplo cuando decide abrir el diccionario en mitad de la clase de matemáticas! A los quince días, tuvo un tumor en la ingle que hubo que operar y que preocupó a los padres. El primer día de preescolar, volvió a casa furioso: «No he hecho nada, la maestra es una inútil». Bruno se enfurece cuando su madre cuenta esta anécdota. En realidad, con muchas dificultades, intenta utilizar la escuela como *espacio* entre él y sus padres, y estos no lo soportan. Denigran el colegio y a la maestra para impedir que Bruno lleve a cabo este distanciamiento. Por ello, se muestra violento en casa, le grita a su madre y en ocasiones llega incluso a morderle. Y la madre sigue hablando sin dejarse interrumpir: el curso pasado, dice, Bruno tuvo una maestra desmotivada... En realidad, el niño resuelve el conflicto mediante un compromiso muy eficaz pero costoso para él: es de una lentitud extrema. El padre no compensa a la madre, por así decirlo. Aunque es simpático, también es muy hablador. Para él, la ortografía de Bruno es nula y prácticamente no lee. Él también se lanza a atacar a la maestra y Bruno ya no tiene nada que decir.

Es cierto que la figura del maestro también adquiere una mayor importancia frente a la decadencia de la de los padres y del padre en particular, y hasta me atrevería a decir que con la complicidad de estos. Y el niño reacciona no sólo en función de la personalidad de unos y otros, sino de las relaciones que se establecen entre ellos, a lo que se añade a veces la presencia del psicoterapeuta. Hay que decir que estas relaciones están marcadas a menudo por unos celos siempre injustificados.

> Silvia (capítulo 6) tiene graves problemas escolares. Asiste con mucha frecuencia a una psicoterapia que le hace faltar al colegio. Su maestro la quiere mucho y tiene un gran interés por ella. No soporta ser suplantado en su función por la prestigiosa figura del psicoterapeuta, de quien Silvia habla desde hace algún tiempo. La madre de Silvia también se deshace en elogios al hablar de él, cuando antes era una ferviente admiradora del maestro. Este no soporta la situación, sobre todo porque los síntomas de Silvia no mejoran demasiado. La niña se bloquea de repente en un dictado y dice que no puede seguir escribiendo. Entonces el maestro se pone delante de ella y hace de mago: «Imagínate, le dice, que soy el Dr. X... y que te hipnotizo. ¡Déjate llevar, ármate de valor y escribe!».

¿Por qué estos celos no tienen espacio en las relaciones entre maestro, padres y psicólogo? Porque los celos en este ámbito pertenecen al orden de lo infantil. Cada adulto debería alegrarse de que el niño dejase un gran espacio a su maestro o a su psicólogo. Estos últimos, a menos que quieran ocupar el lugar de los padres —lo cual no es buena señal—, no pueden dejar de alegrarse del apego del niño a sus padres. En cuanto a estos, no deben sentirse celosos del apego por el maestro. Todo el mundo sabe que a menudo es este apego lo que infunde deseos de aprender. No sería conveniente burlarse o incluso reprochárselo al niño o al adolescente, aunque cabe lamentarse de que las asignaturas en las que el adolescente es bueno en el instituto se determinen más en función del profesor que de la capacidad del alumno. Este fenómeno puede producirse de nuevo cuando se ha confiado el niño a un psicólogo. Pero también en este caso no sólo es normal sino deseable, puesto que el niño escuchará al psicólogo a partir de esta relación.

La violencia en la escuela

Por desgracia, es difícil no terminar este capítulo con el problema de la violencia en la escuela, porque está prácticamente inscrita en el programa de la formación práctica de todo alumno del colegio o del instituto. Esta violencia es tan frecuente que estos tienden a presentar el síndrome de Estocolmo, así llamado desde que los secuestrados se pusieron de parte de sus agresores. Hay que decir que, más aún que los adultos, niños y adolescentes tratan de comprender y por lo tanto de justificar unas manifestaciones que les superan. Así, para sobrevivir a una violencia insostenible (e inadmisible), el niño o el adolescente puede verse empujado a buscar su origen para intentar al menos un control intelectual de un fenómeno que le obliga a la pasividad.

Además, el sentimiento de culpabilidad inconsciente es tan compartido que toda agresión halla a posteriori una posible justificación y una razón plausible. Así, por ejemplo, los niños maltratados durante el recreo no se quejan. En lugar de acusar a sus verdugos, buscan en sí mismos el motivo de este encarnizamiento. Para ayudarles a comprender su implicación, y por lo tanto permitirles defenderse, el psicodrama individual les devuelve la palabra al reconstruir estas escenas de forma artificial.

> Esteban, de 10 años, no consigue encontrar compañeros para jugar en el recreo. Cuando va a pedirles permiso para jugar con ellos, los demás se burlan de él y lo mandan a paseo. Esteban se pone verdaderamente enfermo ante esta situación y se acusa de no saber actuar. Cuando se representa esta escena con adultos psicólogos, se observa que en realidad Esteban es bastante autoritario e incluso pretencioso, y que trata a sus compañeros como hermanos pequeños. En efecto, es el mayor de tres chicos, le han acostumbrado a dar ejemplo y está atrapado en este papel de modelo que no le permite ser él mismo. Se da cuenta de todo eso, sobre todo cuando se le hace interpretar el papel de uno de sus perseguidores.

La violencia en la escuela no se limita a estas relaciones interpersonales. Supera incluso los muros del instituto cuando intervienen los medios de comunicación, y cuando se convierte en un asunto político su resolución es problemática. Cabe preguntarse por qué un instituto no es sede de una violencia permanente, mientras que otro, situado en la misma zona, es el escenario de violentos enfrentamientos. Porque el primero cuenta con un director firme, flexible y justo, admirado tanto por sus alumnos como por sus profesores. La violencia no es una sola. Hay *dos* violencias,[8] una encubierta, oculta, y otra ruidosa y visible. Ahora bien, es la segunda la que centra toda la atención, no la primera. Sin embargo, esta es a menudo la causa de la otra, en particular cuando es institucional, es decir, del lado de las leyes, del poder o de la mayoría en general. Por eso el «tratamiento» de esta violencia debe efectuarse a varios niveles, que hay que saber respetar y jerarquizar. En efecto, la violencia es inútil cuando es ciega, y hay que saber, poder y querer reprimirla. Pero también puede atestiguar una hartura legítima. Quienes se sienten responsables deben saber encontrar el sentido. Pero hay violencias que benefician a algunos y que se explotan bajo la tapadera de supuestos tratamientos engañosos. También en este caso, los niños y adolescentes esperan que los adultos sepan decir no con sus actos.

Sofía, de 16 años, es muy buena alumna en un instituto del extrarradio. Se enamoró de un chico que le pa-

---

8. Véase «La jeune violence», revista *Lire et Savoir*, dirigida por E. Brami, Gallimard.

recía simpático pero que formaba parte de una banda, cosa de la que se fue enterando poco a poco. «Nunca estaba con todos ellos juntos», reconoce. Poco a poco, se da cuenta de que su amigo está más apegado al jefe de la banda que a ella. Un día, «ellos» intentaron robar en casa de ella. Los padres pusieron una denuncia. La banda del amigo de Sofía decidió vengarse. Sofía se ve obligada a abandonar el instituto, a vivir en casa de una tía hasta fin de curso y a cambiar de centro.

A los problemas de autoridad viene a añadirse de forma manifiesta un problema social. El padrastro de Sofía se vio obligado a hacer de Zorro ante la banda, que quería impedirle entrar en su casa. Sofía se sintió secretamente satisfecha. Con la ayuda de la policía todo volvió a la normalidad, pero a estos jóvenes delincuentes les habría hecho falta un padre en casa.

XI

Cuando los adultos desvarían

El niño no es el único que necesita que se le diga no. También algunos padres desvarían porque su propia educación no les ha proporcionado suficientes referencias. Por eso este capítulo dedicado a los malos tratos afecta en realidad a todo el mundo, porque debido a algunos de sus excesos su denuncia puede dirigirse contra cualquiera, y porque el ejemplo siguiente muestra que no tiene por qué tratarse de acciones brutales y visibles.

La profesora de piano de Olivia, 11 años, recibe un lunes por la noche una curiosa llamada telefónica de su alumna:

—Hola, ¿cómo está?

—Pero ¿por qué llamas, Olivia? Nos vimos el sábado pasado.

—Por nada... Bueno, quería saber si estaba en casa.

—¿Por qué? ¿Estás sola, sin tus padres?

—Sí, se han ido a Inglaterra hasta el viernes.

—Pero ¿irá alguien a cuidar de ti?

—No, si necesito algo tengo que pedírselo a los vecinos. Y el martes por la noche me iré a dormir a casa de una amiga...

Al final de este diálogo, la profesora de piano le propuso a Olivia que la llamase con frecuencia hasta el regreso de sus padres, cosa que la pequeña hizo.

No sé qué pensará el lector de esta historia. ¿Se trata de malos tratos? Al llegar a cierto punto, darle autonomía al niño roza el abandono. En cualquier caso, se comprende que los padres así, al sentirse culpables, mimarán a continuación a sus hijos y evitarán actuar con rigor. También se comprende que de esta forma los hijos acaban poniéndose en situación de peligro físico o psíquico para tratar de hacer reaccionar a sus padres. Todo ello se sitúa en la misma línea, la de una ausencia de estructura.

El derecho, la familia y el Estado

Para los juristas, la familia es un lugar de no derecho.[9] Pero ello sólo resulta válido cuando las relaciones que se establecen dentro de la familia son buenas. El juez únicamente puede intervenir en los casos extremos. Los malos tratos no se producen en cualquier contexto. En la mayoría de los casos, se trata de padres perturbados que se sienten desorientados ante el comportamiento anómalo del niño; a menudo esta desorientación es fa-

---

9. Alain Benabent, *Droit Civil,* LITEC.

vorecida por el alcoholismo. El problema puede darse a conocer a través de uno de los miembros de la familia o por denuncia. Pero esta imprescindible exposición de los hechos sólo es el principio de un largo proceso de mediación y ayuda, pues aunque los hijos sean acogidos de forma urgente, habrá que trabajar con los padres. Esta es la situación que hay que reconducir, teniendo en cuenta unos vínculos a veces muy fuertes entre padres e hijos, pues en muchos casos estos últimos han aprendido a «cuidar» de los primeros. A veces los padres superan los límites y recae en ellos todo el peso de la ley.

Claudina, de 7 años y medio, es enviada a mi consulta por una falta de autoconfianza. La niña resta importancia a sus problemas y dice que no tiene preocupaciones, salvo dificultades para conciliar el sueño. Dibuja a un niño que va al mercado bajo la lluvia con su madre. Me entero por la madre de que el padre bebe, de que ha amenazado con matar a los niños y que ha golpeado recientemente a su propio padre. La madre ha solicitado el divorcio.

Carla, de 12 años y medio, tuvo una primera infancia difícil. Desde el principio fue anoréxica (pérdida de apetito) y no soportó la primera gran separación de su madre: la entrada en el parvulario. Al contrario que Claudina, ella asegura tener muchos problemas. Hace poco tuvo un intento de suicidio con unos medicamentos que ni siquiera sabe cómo se llaman. Cuando le pregunto por qué, responde: «Porque estoy harta de estar con mi padre». ¿Qué sueña? Que su padre le está pegando. En este caso, es inevitable recurrir al juez de menores después de ver al padre, que está de acuerdo, ya que recupera la normalidad cuando está sobrio. El juez pondrá en marcha una ayuda educativa en ambiente abierto.

Pero estos casos llamados *sociales* no son los únicos entre los padres maltratadores, aunque son los más ruidosos. Padres acomodados e instruidos son a veces autores de malos tratos a niños muy pequeños que se presentan en las urgencias del hospital, como por ejemplo aquel farmacéutico que había pegado con esparadrapo la boca de su hijita de 12 meses. También en este caso, hay que comprender si se quiere tratar y prevenir. En comparación con los maltratos físicos, el dominio mental resulta aún más pernicioso y difícil de codificar. Aunque se hace todo lo necesario para evitar los maltratos físicos, estamos inermes ante los maltratos psíquicos, cuyas consecuencias son a menudo más graves y profundas. No obstante, unos y otros afectan a la cuestión de las normas, a menudo difíciles de imponer al niño, pero también difíciles de respetar por el propio adulto.

En cuanto a la relación del derecho y la familia, añadiré que los derechos otorgados al niño por jurisdicciones internacionales y ratificados por los países desarrollados son derechos retirados a la familia y otorgados al Estado. Por ello, el Estado se arriesga a no dar la imagen justa e imparcial del juez sino la de la madre omnipotente a través de sus representantes bienintencionados.

Si desea recibir nuestro catálogo ilustrado en color, GRATUITAMENTE Y SIN COMPROMISO POR SU PARTE, remítanos esta tarjeta que no necesita franqueo.

Si nos remite esta tarjeta desde fuera de España, deberá franquearla en origen.

Por favor, rellene con letras mayúsculas.

Apellidos _____ Nombre _____

Dirección _____ n.°

Cód. postal _____ Ciudad _____

Provincia _____

**EDITORIAL
DE VECCHI**

**Apartado F. D. 311
08080 BARCELONA
(España)**

De la denuncia de abusos al abuso de denuncias

Nuestra época, según la moda de Estados Unidos, está marcada por la obligación de la denuncia de los malos tratos en todas sus formas. La denuncia implica que un tercero se inmiscuya en una relación entre dos, y ya he hablado bastante de la utilidad de esta intromisión para no volver al tema. Pero lo que estaba justificado en una época reciente en la que reinaba el silencio se convierte ahora en una regla que supera con creces la medida que este silencio motivaba.

Hace poco tiempo, digamos unos veinte años, cuando surgía un caso de abusos en un centro escolar o una familia, la regla de oro era preservar a la víctima, a veces en detrimento de la verdad jurídica. Hoy en día ya no es así, puesto que la ley libera al médico del secreto profesional e incluso lo obliga a informar de los malos tratos sufridos por su paciente. En un caso reciente incluso se ha condenado a un psiquiatra por no denunciar de inmediato un abuso sexual en discapacitados adolescentes porque deseaba preparar a los protagonistas para esta denuncia.

Más tarde, cuando la víctima ya es adulta, adquiere el derecho de presentar o no una denuncia, de desvelar o no lo que ha vivido y de hablarle con toda libertad al psicoanalista o al psicoterapeuta. Por ello, pueden expresarse aún los traumas sin llamar a los bomberos, sobre todo cuando el fuego se apagó hace veinte años. El ejemplo de Mari Carmen (capítulo 5), que se pregunta qué le queda por decir si se la exime de toda responsabilidad, constituye una respuesta mordaz a la caza del trauma. Se olvida que la víctima tiene un inconsciente y que necesita digerir este trauma de una forma u otra. Así, hoy en día en Estados Unidos la moda consiste en hacer *confesar* a pacientes frágiles que sufrieron en su infancia abusos sexuales para empujarlos a continuación a presentar una denuncia. Cabe preguntarse sobre las motivaciones conscientes e inconscientes de quienes afirman querer defender así a las víctimas.

Puesto que estas prácticas no están orientadas al interés de los pacientes, estos se vuelven doblemente víctimas.

Cristina viene a verme en privado por graves problemas de depresión e inhibición. Su padre murió cuando ella era muy pequeña, y el mejor amigo de este se puso a vivir con su madre. Desde la pubertad de Cristina, este hombre, muy perturbado, afirmó estar en relación con su amigo muerto. Cristina se sentía fascinada y de esta forma aceptó que él la tocase. A continuación sufrió hasta la edad de 17 años unas relaciones sexuales completas que ha roto hace poco. Cuando le pregunto si ha pensado en poner una denuncia, me contesta que la cuestión ya no es esa, y que trata de entender por qué ha tenido que soportar durante tantos años algo que no le gustaba.

Por lo tanto, en la actualidad se observa un curioso desfase entre la práctica terapéutica con mayores de edad y la práctica con niños o adolescentes. En este último caso, al poner el asunto en manos de las autoridades se corre el riesgo de desencadenar medidas que pueden ser muy perjudiciales para su salud mental y contrarias al derecho del individuo que todo el mundo pretende defender. Como si la ética pudiera ser *doble* según la edad.

La denuncia no se limita a los abusos sexuales. En efecto, también afecta a los abusos físicos en general, y es bien sabido que hay un número gratuito a disposición de los niños. Esta divulgación constituye un avance evidente con respecto al silencio que casi siempre rodeaba ciertas prácticas. Una vez más, no se trata de poner en tela de juicio la lucha contra la violencia. Pero los trabajadores sociales navegan sobre una cresta peligrosa y es difícil establecer el límite entre violencia ocasional por un lado y la que requiere la intervención del fiscal (puesto que es a él a quien hay que avisar en caso de urgencia y no al juez de menores) por otro lado. Esta situación da lugar a veces a sorprendentes patinazos.

El padre de Manuel viene a hablarme de su hijo, que ha acudido previamente a la consulta con su madre. Manuel tiene leves dificultades escolares y los padres se muestran colaboradores. En un momento determinado de la conversación, me cuenta lo que le ha pasado hace poco. Había ido a buscar a Manuel al instituto. No aparece. Se informa y le dicen que a Manuel se lo ha llevado la policía. El padre hace preguntas, telefonea y acaba comprendiendo que el fiscal ha confiado a Manuel de forma urgente a un centro de acogida. ¿Qué ha ocurrido? La víspera de ese día, Manuel fue detenido en una redada por un robo de motocicleta del que dice ser sólo cómplice. Se mostró tan arrogante que su padre le dio unos golpes con el cinturón que le dejaron marcas. Al día siguiente tocaba la revisión médica en el instituto. El médico escolar observa las marcas, interroga a Manuel y telefonea de inmediato al fiscal.

Hace muy poco, un *educador de calle* se me quejaba del número de informes presentados por trabajadores sociales. Según él, se presentaban informes por tonterías y resultaba cada vez más difícil trabajar con las familias, ya que los padres veían a los asistentes sociales como denunciadores y rechazaban toda visita al domicilio.

Por mi parte, encuentro en un concierto a una joven amiga que está sola con su hijo de ocho años. Esta mujer artista proviene de los países del Este y tiene muchas dificultades para llegar a fin de mes. Bromeo con el pequeño, que es muy espabilado y trabaja muy bien en clase, diciéndole: «Ya sabes que si tu madre te maltrata puedes decírmelo; soy un doctor que habla con los niños». El pequeño me responde: «Sí, la asistente social ya me lo ha dicho». Esta se había presentado en casa la víspera...

Por otra parte, ello se inscribe en un ambiente de denuncia, de delación. Es cierto que no debemos permanecer indiferentes y que resultan necesarias las campañas de sensibilización, pero numerosas tensiones entre vecinos se traducen en denuncias abusivas, como las cartas anónimas de denuncia que llegan a las administraciones. La cuestión es que la carta anónima no tiene valor jurídico, mientras que la denuncia lleva a una investigación, una intrusión en la vida de las familias, una discusión de la autoridad de los padres que no siempre resulta apropiada.

Amjad, de 12 años, tiene unas notas que le valen sonoras regañinas por parte de su padre. Los vecinos, mal dispuestos porque a menudo les molestan los olores de la cocina, denuncian un caso de malos tratos. Las autoridades efectúan una investigación que demuestra de forma evidente la inutilidad de esta intervención. Queda la humillación soportada por estos padres, modelo de integración social, y el menoscabo de la autoridad paterna ante el niño, que también se ha enterado de que había tenido lugar esta investigación.

Maltratos físicos y psíquicos

Si los maltratos físicos tienen siempre consecuencias físicas, los maltratos psíquicos suelen evitar los golpes, pero tienen a veces consecuencias aún más graves. Veamos dos ejemplos en los que resulta difícil tenerlo todo en cuenta.

Pablo tiene 6 años. Su madre sufre una enfermedad psiquiátrica, pero la lleva lo mejor que puede y acude con frecuencia al médico que le hace el seguimiento. El padre es muy inestable y celoso. Sin embargo, también él acepta venir a hablar. Pablo es un niño en peligro a causa de la patología de sus padres. No obstante, se muestra alegre y sonriente, aunque presenta cierta inestabilidad en el colegio. Me dice de una forma conmovedora: «Papá se ha enfadado con mamá porque son desgraciados». Como muchos de estos niños, trata de entender y ayudar a sus padres. Por otra parte, es muy cariñoso. En el colegio, tiende a dejarse pisar por los demás y se lo cuenta todo a su padre, que no soporta que su hijo no sepa defenderse. Por eso le enseña a boxear. El otro día vino un amigo a casa y el padre los sorprendió examinándose. Le dio una paliza a Pablo tratándole de «maricón».

Julieta tiene 11 años. Acaba de salir del hospital por una fractura abierta mal curada que se infectó y ha dejado una cicatriz muy fea. Está muy deprimida y se ve como el conejillo de Indias de los médicos, que sin embargo hacen lo que pueden. Su depresión es, como ocurre a menudo, una forma de volver contra sí misma una agresividad que no puede expresar contra sus padres. Lo refleja al decir: «Me gustaría mucho vivir sola. Así dejaré de darles la lata a mis padres»; o también: «Si tengo que vivir, quisiera vivir feliz para demostrarles a mis padres que les quiero antes de las vacaciones». Más tarde intenta suicidarse tomando los somníferos de su madre. Esta última nunca se ha recuperado de la muerte de un hermano y se muestra muy fría con Julieta, mientras que el padre se marcha periódicamente sin decir por qué. Como temía que sus padres se separasen y le pregunta si van a hacerlo, su madre responde a Julieta: «De momento, no», dejándola muy turbada. Por otra parte, cuando Julieta amenaza con suicidarse tirándose por la ventana, su madre le replica: «¿A que no?». El padre describe las relaciones de la madre con la hija como la acción de un «imán que atrae y repele». Desde luego, el carácter de Julieta no es fácil: es muy susceptible, dice por la noche que tiene ganas de hablar y cierra su puerta con doble vuelta de llave, y da la impresión de que existe una interacción negativa entre ella y sus padres. Sin embargo, estos se muestran muy colaboradores y viven las visitas de Julieta a los psiquiatras como acusaciones contra ellos.

Es difícil hablar de malos tratos en estos dos casos, tal vez porque la fragilidad de los padres resulta evidente y reconocida. Pero si esta fragilidad consiste en reaccionar contra el niño, hay que poder ponerles límites a los padres. Con mucha frecuencia es posible hacerlo cuando estos aceptan someterse a un seguimiento. En los demás casos se les puede imponer una ayuda educativa en ambiente abierto, cosa que a menudo representa un alivio para ellos.

El incesto

La ley de prohibición del incesto no necesita formularse para integrarse. Por desgracia, en algunos casos, muchas veces con la ayuda del alcoholismo, ceden las defensas naturales en el padre. Por otra parte, a menudo el padre es un padrastro, o no está seguro de ser el padre de la niña, lo que facilita este paso a los actos. Por último, este delito puede afectar a las chicas, aunque también a los chicos, y parece ser que en todos los casos la madre es cómplice, aunque por otro lado el incesto madre-hijo resulta poco frecuente. También en este caso, el principal problema es la prevención, pero también el seguimiento. Incluso cuando el padre es ingresado en prisión, no es raro que las hijas sigan escribiéndole o que le dibujen corazones cuando son pequeñas, y en cuanto vuelva a casa, será necesario ayudar a *toda la familia*.

La señora A... ha presentado una denuncia cuando su segunda hija, de 12 años de edad, ha hablado de las relaciones que le imponía su padre. En realidad, la mayor de las hijas había sufrido lo mismo y lo dice ahora. La sobrina del padre, casada en la actualidad, había denunciado a su tío hacía mucho tiempo, el día de su boda, insultándole en público. Luego las cosas volvieron a la normalidad por así decirlo. Esta familia de seis hijos está en una situación social difícil, muy endeudada después de comprarse una vivienda unifamiliar. Pero los problemas no son sólo materiales, pues la madre trae a su amante a casa y el padre hace lo mismo. Todos los hijos están al corriente y los dos mayores ya estaban en un centro de acogida antes de la denuncia presentada por la madre. Es casi seguro que el padre ha tenido, cuando menos, gestos impropios con los pequeños. El propio padre del padre cumplió una condena de seis años de prisión por atacar a un médico y se suicidó pocos meses después de salir. Los chicos parecen sobreponerse en este ambiente que no conoce barreras, pero el penúltimo aún no sabe leer ni escribir a los 7 años y tiene inquietantes pesadillas.

En esta familia la denuncia de la madre sólo revela la punta de un iceberg. A continuación hicieron falta años de trabajo de todo un equipo social para hacer el seguimiento de los niños y tratar de ayudarlos a reconstruir su personalidad a través de ingresos en centros de acogida y psicoterapias.

El incesto moral y sus consecuencias

Algunas actitudes inconscientes de los padres pueden crear en el hijo un clima que le deje pocas salidas disponibles. Eso es lo que este hijo podrá reconstituir mediante el psicoanálisis cuando se haga adulto. Por lo tanto, no se trata ni de acusar a los padres ni de confundir esta reconstitución con la realidad. He dicho al hablar de la severidad de los padres que era inversamente proporcional a la obediencia del niño. Por ejemplo, unos padres demasiado severos ya no consiguen ser obedecidos o sólo consiguen un conformismo superficial. Al contrario, unos padres demasiado permisivos tienen a veces hijos que se lo prohíben todo a sí mismos. Esta paradoja resume en cierto modo la de las relaciones entre la vida interior y la realidad exterior. Los padres demasiado blandos obligan a menudo al niño a fabricarse una imagen de padres represivos o simplemente la de un dios altivo y exigente. Por ello, los padres reales pueden parecer excelentes a su entorno y dar una imagen muy distinta a cada uno de sus hijos. Esta diferencia incluso prueba el trabajo del inconsciente. Es lo que ocurre en ciertas circunstancias excepcionales, pero que vale más explicar aquí con fines preventivos porque dan pie a la manifestación de enfermedades mentales.

Fanny está muy enamorada. Se casa con Gerardo sin conocerlo a fondo. Se queda embarazada enseguida y descubre que Gerardo empieza a beber y luego a drogarse. Gerardo no conoció a su padre y fue criado sólo por su madre; no soporta ser padre sin saber lo que eso significa. Fanny vive este embarazo como una prueba horrible. Cuenta con el apoyo de sus padres, pero establece sin cesar un vínculo entre la degradación de Gerardo y el bebé que lleva en el vientre. Da a luz sola, pues ese día Gerardo es recogido por los servicios sanitarios debido a una sobredosis. Todo el aprendizaje de su bebé tendrá lugar en este contexto. En realidad, el bebé no tendrá aprendizaje propiamente dicho, y a los 5 años no habla y se agita sin cesar, pero posee una mirada de gran intensidad: los psiquiatras diagnostican una psicosis infantil y recomiendan un hospital de día, pero Fanny no puede comparar a su hijo con los que ve en ese centro.

José es nieto de un gran físico. Sus padres se casaron por amor y es el hijo menor. El padre participó en la guerra de Argelia y murió en condiciones atroces. La madre no se ha recuperado. A partir de ese día, se vuelve prácticamente loca y le habla a José como a su difunto marido. El abuelo se da cuenta de la situación y avisa a los mejores psiquiatras infantiles, pero se ve del todo impotente. Nada puede atajar la evolución de este niño, que tendrá grandes dificultades para trabajar en el colegio y para tener relaciones normales con los demás. Sus hermanos y hermanas se libran gracias a esta relación exclusiva de la que la madre es inconsciente. Esta mujer huye, ve a los psiquiatras como enemigos que van a acusarla, y este sentimiento de culpabilidad le impide dar marcha atrás.

En estos casos, y por razones muy distintas, la madre se siente de pronto sola con un hijo cuyo padre deja de ser su interlocutor privilegiado, puesto que está fuera de su alcance por su enfermedad o por la muerte. Estos niños deben y pueden recibir ayuda, pero no es posible dársela sin ayudar también a la madre, porque esta puede vivir la relación de su hijo con un psiquiatra como una nueva separación. También se comprende el difícil margen de maniobra del terapeuta, atrapado entre el deseo de gritar «socorro» con una actitud intervencionista y la ayuda neutra, que puede verse interrumpida de la noche a la mañana. En algunos casos en los que el padre o la madre es enfermo mental, recurrir al juez puede ayudar al terapeuta a tratar al niño y no impedir el tratamiento, como algunos podrían creer. En efecto, el padre necesita los límites que se le imponen, ya que lo tranquilizan y permiten el tratamiento del niño.

La pareja madre-hijo o padre-hija. Complejos de Edipo muy complejos

Hay ciertas situaciones que, por así decirlo, llevan el complejo de Edipo a unos extremos cuya salida vamos a examinar. Todo el mundo conoce el complejo de Edipo considerado normal y positivo. Para el pequeño, consiste en poseer a la madre y matar al padre. Por fortuna, ¡todo ello se mantiene en un nivel imaginativo! No obstante, el niño vive sus intenciones como susceptibles de ser sancionadas por el padre, y eso le permite volverse hacia otras mujeres, tomando ejemplo de su padre. Para la niña, es un poco más complicado, como siempre. La niña, apegada como el niño a su madre, comprende que no tiene otra esperanza que esperar un regalo del padre del mismo tipo que el que le ha hecho a la madre: un hijo. A continuación debe renunciar al padre y buscar en otra parte para hacer realidad ese deseo.

Sin embargo, en determinados casos el hijo o la hija no llega a realizar la última etapa, es decir, la renuncia a la madre en el caso del hijo o al padre para la hija. Cabe hablar entonces de *fijación*, es decir, de una relación tan intensa que encuentra dificultades para desprenderse de su primer objeto. Por lo tanto, esta fijación supera el complejo de Edipo normal. Y es precisamente el otro progenitor quien pone coto a un amor demasiado exclusivo y ayuda al niño a renunciar a esta fijación. En caso contrario, puede surgir la homosexualidad.

Miguel siempre ha sido el preferido de su madre. Ella no sabría decir por qué pero siempre le ha recordado a un hermano fallecido al que quería muchísimo. Miguel fue un niño modelo, de un comportamiento ejemplar, adelantado a su edad y con rasgos muy finos. Es el menor de cinco hermanos y llegó diez años después del último. Se trató de un nacimiento inesperado. Desde el comienzo, su padre se encontró del todo excluido de la relación, como si sobrase. Lo decía con frecuencia bromeando, pero él mismo admiraba a aquel bebé. Al crecer, el niño se convirtió en un muchacho tímido pero muy despierto que mantenía relaciones excelentes con algunos de sus profesores, y siempre la misma complicidad con su madre. En la adolescencia se ha vuelto más taciturno y sus padres consultan entonces a un psicólogo. Miguel es un poco amanerado, sin más, habla mucho y se considera más cercano a las chicas que a los chicos, que le parecen demasiado bruscos.

En este caso, como en muchos del mismo tipo, se presenta el mismo esquema estereotipado. Es en los psicoanálisis de adultos donde se puede hallar un mecanismo inconsciente que supera por completo a los interesados. En efecto, en estos casos el niño sólo vive una etapa del complejo de Edipo. Se conforma con el amor exclusivo por la madre. Este amor casto tiene, no obstante, muchas connotaciones incestuosas y pueden observarlo los familiares, aunque no sepan nada de psicología. La salida de este equivalente del incesto para el chico consiste en identificarse de forma inconsciente con su madre, en ser como ella. También es el único medio que tiene para separarse de ella.

Sara es la mayor de una familia numerosa. La pareja formada por los padres está muy unida, pero también muy replegada sobre sí misma. El padre, muy ansioso, aunque no lo demuestra, se apoya en su mujer para todas las decisiones familiares. Sara siente una extrema afinidad con su padre y desarrolla por él un amor apasionado que jamás exterioriza. De la misma forma, aunque respeta a su madre, en el fondo siente un gran desprecio por su falta de cultura. La madre queda excluida de la complicidad intelectual que Sara tiene con su padre, cuyo orgullo satisface más allá de sus esperanzas. Más tarde, Sara tendrá un aspecto cada vez más masculino y ningún deseo de casarse ni de tener hijos.

Cuando el otro progenitor no dice no

Lo que en definitiva tienen en común los abusos físicos o psíquicos es que, en todos los casos, el otro progenitor no puede impedir a su cónyuge el establecimiento con el niño de una relación anómala. Por lo tanto, el niño se encuentra sometido a la voluntad o a la omnipotencia de uno solo. ¿A qué se debe esta impotencia? Lo explicaré a grandes rasgos en el próximo capítulo. La cuestión es que la principal consecuencia común, además de los traumas específicos, es *que el niño se siente aparte de los demás, que no tiene la impresión de estar en el mismo mundo, o que su mundo no se rige por las mismas leyes que el que le rodea.*

Esta impresión puede durar toda la vida, y eso explica la necesidad legítima de las víctimas de dar a conocer su condición, es decir, ante todo de darse a conocer, de demostrar que la situación existe y de plantear —a través de los medios de comunicación— los verdaderos problemas. Este libro es también una forma de manifestar estos problemas, sin acusar a nadie. Y es que, ¿cómo se acusa de lo que sea a un adulto que ha hecho lo que ha podido, sin tener recursos o interlocutores? Esta es una de las diferencias con los traumas físicos o sexuales, pero en estos casos la acusación y el proceso tampoco son forzosamente la solución. En cualquier caso, eso dicen Cristina (este capítulo) y Mari Carmen (capítulo 5). Más allá del castigo del culpable, ¿cómo se repara el perjuicio? Veamos otra historia que ilustra este dilema.

Federico (capítulo 9) durmió hasta los 13 años en la habitación de sus padres. Observó todo lo que un niño sólo aprende de forma progresiva, y no a través de un espectáculo obligado y paralizante. Pero, sobre todo, fue asociado por su madre a todo un ceremonial pseudorreligioso de un culto doméstico que evocaba más las divinidades romanas que la religión católica. Un verdadero altar se erguía sobre la chimenea, dedicado a no sé qué santo. Federico y su madre rezaban para exorcizar seguramente a unos demonios nocturnos. Hay que decir que el padre brillaba por su ausencia, aparte de su intervención en el nombre de Federico al nacer, lo que probablemente le ahorró a este mayores sufrimientos. Por este motivo Federico consideraba a

229

su madre una verdadera sacerdotisa de una religión cuyos ecos hallará en el internado religioso donde ingresará más tarde. Se producía así un verdadero pacto del que el padre real quedaba excluido. Para Federico, su madre constituye un ideal absoluto. Le resulta imposible criticarla y, literalmente, echarla abajo. Sin ella se siente impotente y deprimido. Es él quien ha reconstruido esta estatua en su mente que lo protege, según cree, de los mismos maleficios que cuando era niño. Ya adulto, Federico tiende a ser depresivo crónico. Cada vez que emerge de este estado, la estatua de la madre resurge. No puede abatirla sin sentirse culpable ni puede vivir sin que renazca.

Del abuso físico y sexual al abuso psíquico, la distancia no es larga. Sin embargo, de uno a otro se halla todo el espesor de la realidad. Salvo su punto en común, que es, como he dicho, la impresión de sentirse aparte, las consecuencias psicológicas son muy distintas, aunque pueden resolverse de forma total o parcial mediante un tratamiento psicoanalítico. Pero ambos son el resultado de la imposibilidad de un progenitor de decirle no al otro ante un comportamiento que, sin embargo, salta a la vista.

XII
Poder decir no

Saber decir no no basta. Ante todo hay que poder. Algunas personas no pueden decir no. Miedo a afirmarse, miedo a causar dolor, miedo a no ser amado. Todas las razones son buenas. Pero, tanto si esta imposibilidad se manifiesta en la oficina como en casa, siempre habrá alguien o algo que diga no en el lugar de esa persona. Es una de las paradojas de este aforismo en el que, al fin y al cabo, «decir» sólo es la constatación de una realidad: no todo es posible. Si se extiende esto a la sociedad, se observa que no está de moda decir no. Los políticos en primer lugar, aparte de algunas excepciones notorias, ya nunca dicen no. También en este caso, la realidad se encarga de hacerlo en su lugar. Sin embargo, la educación cívica, como la educación sin más, no debería dejar que la realidad hiciese objetiva la negativa en una ausencia de elección. Al contrario, la negativa debe poder encarnarse y decirse si quiere ser madurada y no el resultado de las circunstancias y el azar. Encarnar esta negativa no es fácil, ni para el político, ni para el padre de familia. Es incluso cada vez más difícil en una época en la que predominan el corto plazo y la satisfacción inmediata.

231

¿Justicia, pedagogía, psicoanálisis?

Es posible que la difusión del psicoanálisis y, por lo tanto, su mal conocimiento sean responsables en parte de esta corriente generalizada. Tomo como prueba de ello la infiltración y la inflexión en los discursos jurídicos y pedagógicos de la ideología psicoanalítica, es decir, de las ideas freudianas arrancadas del propio marco psicoanalítico.

Así, en Francia la *defensa social nueva* que se concreta con la ordenanza de 2 de febrero de 1945 pretende tomar medidas *en beneficio de aquel* que es su objeto para *librarle* del riesgo de caer en la delincuencia... Recomienda un tratamiento destinado a *hacerle tomar conciencia de sus posibilidades...* Esta ordenanza ya fue acusada en su promulgación de «desjuridicización» exagerada del derecho.[10] Se lee en la misma revista que el «acompañamiento» del joven delincuente pasa por varias fases que se parecen mucho a las de una terapia, ya que se trata ante todo para el joven de «haber tenido la sensación de ser escuchado» y de llevarle a «comprender las causas y consecuencias de la transgresión de la prohibición y del posible acto delictivo».[11] Sin duda, estas intenciones son muy loables, pero cabe interrogarse sobre esta «terapia», ya que se trata de una, efectuada en un ambiente no neutro por personas no especializadas.

---

10. Thierry Cretin, procurador de la República Francesa, en *Enfance Majuscule*, n.º 24. Somos nosotros quienes subrayamos.
11. Richard Sancho Andreo.

Se observa exactamente la misma desviación en el *Ministerio de Educación*, y por ejemplo se oye hablar del «individuo que debe emerger gracias al vínculo pedagógico», lo que contrasta con la siguiente afirmación: «Para una minoría de niños, la vida escolar puede ser el objeto de la psicopatología», que se lee de la pluma de autores del Instituto Nacional de Investigación Pedagógica francés.[12] Y es que estos especialistas de la pedagogía utilizan también los datos *teóricos* del psicoanálisis, crean actividades para *despertar la inteligencia* y definen la pedagogía de *apoyo*, la cual, dicho sea de paso, se ocupa de las «dificultades de orden corporal, sensorial, afectivo, lingüístico o intelectual» (¡sic!). Pero, aunque afirman abiertamente buscar «el completo desarrollo y el equilibrio de la vida afectiva», por supuesto es con la finalidad de favorecer los aprendizajes y el éxito escolares. Ahora bien, sin que ni siquiera se den cuenta de ello, esta *finalidad* invalida su proyecto, ya que choca con esa psicopatología que quieren ignorar, como esos padres que se sorprenden del fracaso de sus hijos cuando lo hacen «todo por ellos». Los niños no se dejan engañar y, por ejemplo, comprenden muy pronto cuándo se les orienta («por su bien») hacia una vía muerta.

Estas desviaciones constituyen otras tantas renuncias. La justicia ya no quiere juzgar, el Ministerio de Educación ya no pretende enseñar, ambos quieren *comprender* y dejar de imponer, dejar de decir no. Dado que sus ta-

---

12. *Recherches Pédagogiques,* n.º 68.

reas son difíciles, se vuelven celosamente hacia el psicoanálisis como si allí estuviese la clave de sus fracasos. Pero, al mismo tiempo, lo vacían de su eficacia, que reside en el cumplimiento de las condiciones que lo autorizan, empezando por la presencia de un psicoanalista. Así, la escuela —por no hablar de nada más— soporta muy mal todo lo que no viene de las altas esferas, forma a sus propios psicólogos y pretende solucionarlo todo por sí misma.

Cuando el niño dice no

Si la justicia y el Ministerio de Educación reaccionan de esta forma es porque chocan con la resistencia activa del delincuente o con la resistencia pasiva del mal alumno. Estas resistencias pueden adquirir enormes proporciones, pues a menudo es ahí, en esa facultad de oponerse, donde reside la voluntad invencible de ciertos individuos. Salvando las distancias, algunos niños de 18 meses, en la fase llamada de oposición, parecen dotados de una voluntad de poder que puede asustar a los padres. Este miedo explica tal vez el comportamiento a veces aberrante de ciertos padres.

Roberto, de 13 años, delincuente en ciernes, les reprocha abiertamente a sus padres no haberles prohibido nunca nada ni a sus hermanos ni a él. Puede decirlo, pues está en la consulta del psiquiatra infantil, que lo invita a hablar. Es un auténtico grito del corazón al

234

que su madre responde de inmediato: «Siempre he esperado a que me dijeseis lo que os apetecía».

Los padres de Paquito, de 12 años y medio, vienen a la consulta porque este sufre un completo fracaso escolar. Parece un niño mimado que nunca ha tenido que pedir nada porque sus padres se adelantaban a sus deseos. Durante la conversación, se averigua que su madre ha dejado de bañarlo hace sólo un mes.

Tal vez sea el miedo a ser dominado por su hijo lo que lleva al padre de Andrés a castigarlo desde su primera infancia de forma sumamente sádica. No sólo lo humilla de forma gradual según la falta cometida, sino que además filma sus confesiones en vídeo para enseñárselas después. La manera de decir no de Andrés sólo podrá manifestarse en forma de enfermedad mental en la adolescencia.

Roberto hacía todo lo necesario para acabar con la pasividad de sus padres y, como no lo conseguía, provocaba a la sociedad. En cuanto a Francisco, pagaba con su fracaso escolar la imposibilidad de impedir que su madre lo bañase. ¡Y es que a los niños les cuesta decir no tanto como a los padres! Lo hacen como pueden, a través de la *enfermedad,* el *comportamiento* o un *síntoma* escolar o corporal. Entre estos últimos, la *lentitud* es un lenguaje privilegiado: permite expresar la oposición en todos los instantes sin verbalizarla, lo que induce a los padres a error.

Marta, de 11 años, es una niña de gran voluntad. Es obstinada como una mula. Cuando decide algo, nada puede hacerle cambiar de opinión. Es la antepenúltima de sus hermanos y seguramente se sintió destronada por la llegada dos años después de nacer ella de un esperado varón. Es muy meticulosa, pasa horas ordenando sus cosas y tiene verdaderos ataques cuando las mueven para hacer la limpieza. En el colegio, es bastante buena alumna, pero nunca termina sus tareas a tiempo. Para asearse es aún peor. Bloquea el baño, salvo durante las vacaciones y cuando ha decidido salir con una amiga.

Por último, el niño se opone a veces con el cuerpo porque no puede hacer otra cosa. Así, el *estreñimiento* puede ser una forma a menudo masculina de oponerse a una madre exigente. También la ausencia de apetito, la *anorexia*, es una forma terrible de decir no sin decirlo.

Flora tenía en la infancia ataques de bulimia que le daban un aspecto un tanto «rellenito». Su madre, sin ser obesa, sufre un evidente sobrepeso. Es una persona jovial pero ansiosa, para quien la comida es una forma de luchar contra la angustia. Muchas veces ha obligado a Flora a acabarse el plato de forma autoritaria, haciendo de la comida una baza de poder. Sin embargo, a partir de los 12 años esta ha decidido hacer un régimen estricto. Se pesa cada día y calcula meticulosamente las calorías que ingiere. Los padres han consultado con un especialista temiendo la famosa anorexia nerviosa. Pero Flora no ha perdido el apetito, al menos de momento. Sin embargo, corre este grave riesgo. Ni la madre ni el padre pueden oponerse a este comportamiento de riesgo.

Como vemos, los padres no pueden oponerse a unos hijos que reaccionan de esta forma y cuyos hábitos están verdaderamente *anclados*. Pero si los hábitos se han adoptado en general muy pronto es también porque los padres no han podido impedirlos antes.

Cuando llega la adolescencia

La actitud de los padres debe adaptarse a la edad y los progresos del hijo, que debe percibir que las prohibiciones evolucionan y que es provechoso crecer. Cada fase de esta evolución debe ser celebrada como tal y valorada por los padres, incluso dentro de cierta transgresión.

Lucas, de 11 años, en quinto de primaria, ha tenido siempre problemas con el colegio. Ya el primer día del parvulario se escapó para volver a su casa. Está bastante mimado y parece ser el centro de la familia. Esta, a pesar de estar bien arraigada en Alsacia, tuvo que trasladarse a París por motivos profesionales, ya que la empresa en la que trabajaba el padre tuvo que cerrar. Lucas dice lo que piensa, sin miramientos, con una determinación bastante sorprendente. El otro día su maestra le hizo una observación e incluso lo castigó, de forma injusta en su opinión. Al salir del colegio, Lucas

237

le dijo a su hermano menor que se iba a Estrasburgo, a casa de sus abuelos, cosa que hizo con un dominio sorprendente para su edad. Los padres se preocuparon hasta que recibieron una llamada telefónica de la abuela, que les informaba de la llegada de Lucas. A su regreso a casa, estaban tan sorprendidos y admirados que no lo castigaron.

Este preadolescente parecía sorprenderse de su propia audacia al contar su fuga. No cabe duda de que, en este caso, castigarlo no habría servido de nada. *Por ello, todos los consejos que he podido dar en este libro sobre la educación y la necesidad de decir no parecen invertirse en el momento en el que se inicia la adolescencia.* En lugar de oponerse, es mejor, al contrario, que los padres se vuelvan flexibles. Aunque el adolescente sigue presentando rasgos de carácter infantiles, lo que es propio de la adolescencia, deben aceptar que el niño empieza a convertirse en adulto y reconocerlo como tal. Este reconocimiento se concreta a través de varios detalles que adquieren una importancia colosal. Llamar a la puerta de la habitación, por ejemplo, no hacer la limpieza sin preguntar. Respetar el pudor, nuevo a veces, y esperar en la puerta del cuarto de baño. El adolescente necesita en primer lugar *respeto*, en segundo lugar *diálogo* y por último *comprensión*. Frente a las nuevas obligaciones que encuentra en la vida y al abandono paralelo y obligado de la dependencia infantil, el adolescente necesita ayuda y apoyo. Aunque en ciertas circunstancias debe formularse la prohibición, tiene que hacerse con mucha prudencia y diálogo, cosa que, dicho sea de paso, le aportará solidez. En cambio, la prohibición dictada por la angustia y formulada sin demasiadas palabras tiene muchos números de conseguir el efecto contrario al esperado. Esta es la edad en la que es mayor el desfase entre la idea que tienen los padres de su hijo y la persona en la que se está convirtiendo su adolescente.

Carmen tiene 18 años. Desde muy pequeña ha tenido problemas de lenguaje por los que se ha sometido a reeducación. Es asmática y tuvo una deshidratación aguda cuando era muy pequeña. Es la segunda de una familia de cuatro hijos. En la actualidad, no está demasiado animada. Vive su vida como un fracaso, no se encuentra guapa, no se entiende bien con sus padres. Siente pasión por un cantante y le gustan los chicos mayores que ella: su padre está en contra, según ella. Este se reconoce curiosamente en ella: «Yo también era un enamorado platónico a su edad». Y él reconoce que la muchacha pueda tener dificultades: la ha inscrito en una coral para que mejore su pronunciación. Ella se muestra muy mimosa con su padre, cosa que a veces a él le resulta un tanto exagerada.

Como puede verse, diferencias y semejanzas no están demasiado alejadas entre sí, y a veces precisamente por eso el adolescente trata de desmarcarse de sus padres. Por este motivo diálogo y paciencia son a menudo los únicos remedios para este periodo difícil.

Cómo dar marcha atrás

Algunos padres tal vez sientan la tentación de preguntarse cómo actuar cuando tienen la sensación de haber fallado en una de las etapas (y a menudo la primera) de la educación en la frustración. Por ejemplo, cuando se dan cuenta de que su hijo reclama de forma directa o indirecta las prohibiciones que no han sabido o querido darle en su momento. Creo que entonces los padres suelen necesitar ayuda externa. Como dice el refrán: «Más vale tarde que nunca». Pero el peso de los hábitos es tan grande que es difícil que las cosas cambien con un golpe de varita mágica. Aunque los padres declarasen de forma solemne que «a partir de ahora todo va a cambiar», una vez pasado el efecto sorpresa todo vuelve a ser como antes.

Noelia, de 12 años, con dos hermanos menores, está tan preocupada por los problemas familiares que le cuesta mucho seguir el ritmo de quinto de primaria. Los padres acusan al maestro de ser demasiado blando, mientras que Noelia, celosa de su madre, se enfurruña e incluso le pega. El padre lo cuenta fingiendo no estar implicado: Noelia se niega a crecer, no tiene ganas de tener la regla y reconoce que no se atreve a decirles a sus padres que podrían tratar de entenderse mejor y que piensa que su padre se deja dominar por su madre. Reconoce que tiene muchas afinidades con su padre e incluso que siente debilidad por él. Por su parte, la madre no comprende que su marido le reproche que habla demasiado con Noelia.

Esta consulta por sí sola permitirá que las aguas vuelvan a su cauce. ¿Por qué? Porque se trata de un problema de adolescencia ante todo, y la adolescencia crea conflictos relativamente fáciles de resolver. Estos conflictos se relacionan con una reactivación del complejo de Edipo por el simple hecho de que se acerca la pubertad, es decir, la posibilidad imaginaria, pero nueva, de hacer realidad los deseos del niño que se convierte en adulto. El simple hecho de hablar permite con frecuencia a los protagonistas tomar conciencia, a veces con humor, de esta dimensión y ocupar un lugar nuevo en el seno de la familia. Por ejemplo, basta que el padre sea menos cómplice, la madre menos rival y que la muchacha pueda expresarle a un tercero las tensiones que le genera este trío.

La capacidad de decir no al niño adoptado

Una de las pruebas de que decirle no a un niño es una forma de amor se concreta con el niño adoptado. En efecto, es frecuente, por ejemplo en caso de adopción tardía, que el progenitor no pueda prohibir algo hasta que considera al niño verdaderamente suyo.

Ángel, de 16 años, nació de una relación de su madre y fue reconocido por su padrastro. Es el mayor de tres chicos y sabe que su padre es argelino, pero no tiene intención de conocerlo. Sería más exacto decir que periódicamente amenaza con el hecho de ir a conocer a su padre. En realidad, Ángel no siente ningún deseo de hacerlo, pero llora si se habla de su nacimiento. Al mismo tiempo, se niega a aceptar a su padre legal. Ha aprovechado unas vacaciones en el extranjero para fumar hachís y cultivar *cannabis* del que se obtiene en su balcón. Su verdadero padre, puesto que lo ha reconocido y criado, se siente muy intimidado ante este buen mozo que le provoca con insolencia, y no se atreve a darle esas bofetadas que reserva para sus «verdaderos» hijos, los que llevan su sangre. Por su parte, a Ángel le parece que su padre no es lo bastante severo con él y espera plácidamente una sanción que no llega.

Diego fue adoptado a la edad de 5 años, al mismo tiempo que uno de sus compañeros, quien exigió que se le adoptase con él en un asilo de huérfanos de América central. Él mismo confiesa (ahora tiene 15 años): «Escondo, robo, falsifico». Su compañero, convertido en su hermano, es muy distinto. Los padres ya no saben qué hacer con él, pues una vez cometida su fechoría se arrepiente, llora y dice que no volverá a hacerlo. El castigo no tiene ningún efecto o, mejor dicho, soporta el castigo con una facilidad desconcertante. Se pelea con su hermano, del que está muy celoso, e incluso con su padre. Estos celos se manifestarán de forma abierta gracias a un psicodrama individual. Al reconstituir la vida de familia, se observa que, aunque el vínculo con el padre está adquirido (su padre dice, por ejemplo, «es mi hijo al cien por cien»), no ocurre lo mismo con la madre, de la que Diego desconfía. Inter-

242

preta todas sus actitudes en un sentido negativo. Sólo gracias al psicodrama, es decir, a la posibilidad de revivir de forma artificial el abandono por parte de la madre real, Diego podrá adoptar a sus padres y ver nacer en sí la vocación de crear un orfanato para niños abandonados. La conducta delincuente cesará por completo a partir de este tratamiento. En este caso, es el *tratamiento* lo que ha permitido que el adolescente entienda por fin algo de la prohibición.

En un caso de adopción, con o sin consulta a un especialista, poder decir no significa, para el padre, poder autorizarse a ser padre. Se comprende gracias a estos niños que *ser padre, amar a los hijos de forma desinteresada, consiste precisamente en poder oponerse a ellos.*

La capacidad de decir no a uno mismo

Algunos padres se sienten del todo padres con sus hijos, pero parecen perder de forma misteriosa su poder cuando están presentes otros miembros de la familia. Esta pérdida de poder es percibida por el niño, que comprende de modo confuso que sus padres abdican a favor de alguien más fuerte a quien se someten. Es lo que puede observarse a veces en las reuniones familiares, por ejemplo en la casa de vacaciones de los abuelos. Lo que vuelve a representarse en ese momento, a través de los niños, son las relaciones fraternales infantiles y las rivalidades mal digeridas.

Bernardo tiene 11 años y medio y es insoportable en clase y en casa. El padre es ingeniero, la madre es masajista. Ella va a pasar las vacaciones de verano con su hermano, que vive en otra región. Bernardo no se muestra reacio y habla con facilidad de sus problemas de disciplina, que empiezan a preocuparle porque sólo le causan molestias. Su padre dice que nada le afecta, ni el razonamiento ni la amenaza: «Sigue volviendo a casa con una hora de retraso aunque le hayas castigado el día anterior». Lo que Bernardo no sabe es que su padre estuvo hospitalizado varias veces por depresión. Le hablaron de una enfermedad orgánica, y cuando el padre regresó no se podía hacer ruido. El padre salió de este marasmo a través de una verdadera pasión por la lectura, pero parece haber perdido todo poder paterno a ojos de su mujer. Ella ha instalado su consulta en la vivienda y él se ve obligado a encerrarse en la sala de estar para dejar pasar a los clientes. Durante las vacaciones, la madre de Bernardo, sola con sus dos hijos, le da todo el poder a su hermano para corregir a Bernardo. Este no lo soporta y ha llegado a fugarse para reunirse con su padre, lo que ha preocupado mucho a la familia.

Este poder otorgado a tíos o tías es muy perjudicial para el niño, que ve cómo sus padres lo pierden ante sus ojos. Pero ello es aún más patente cuando se trata de los abuelos.

Silvia (capítulo 2) asiste un fin de semana a una discusión entre su padre y sus abuelos paternos. En cuanto llegan al campo, este recibe una llamada tele-

fónica de su amiga y declara que no compartirá la comida familiar. El padre de Silvia está divorciado y
contaba con esta reunión familiar para dejar a sus hijos en manos de los abuelos y desaparecer. Enfado de
los abuelos, réplicas mordaces del padre de Silvia a su
propia madre, a la que acusa de no haberlo educado
bien. En definitiva, ajuste de cuentas delante de los
niños. Silvia constata que su padre es *también* hijo de
sus padres y que además les delega la autoridad, puesto que les confía a sus hijos cuando debería ocuparse
de ellos.

En algunos casos, los abuelos abusan e intervienen en
la educación de sus nietos, cosa que estos suelen soportar muy mal. En particular, es lo que ocurre cuando los
padres no han vivido o no han terminado de vivir su
propia crisis de adolescencia. Por lo tanto, en realidad
no han cortado los vínculos con sus padres. No se han
separado y no saben cómo hacerlo, sencillamente porque no ven la necesidad. En estos casos, es frecuente que
el cónyuge se interponga como tercero, evalúe la situación y restituya al progenitor afectado. Su papel es difícil,
salvo cuando su pareja toma conciencia de la situación
y aprovecha su ayuda.

Poder decir no es poder «decir»

Si uno de los padres se sirve de su cónyuge para poder
separarse de sus propios padres (y por lo tanto decirles

no) es porque no debe ser fácil. Sin embargo, es la condición sin la cual le resulta muy difícil decirles no a sus hijos. Afirmarse como padre requiere que se haya vivido no forzosamente una «crisis» de adolescencia, pero sí que se haya superado de verdad ese periodo que hace de nosotros un adulto.

Humberto tenía 9 años y medio cuando se separaron sus padres justo después de construirse una casa. El niño padece enuresis y los padres se quejan de que está aún en una fase de oposición total. No parece perturbado por la separación; da la impresión de aprovecharse de ella: «Papá no sabe que yo sé», dice. Se pone abiertamente de parte de su madre: «Papá ya no se preocupa por nosotros, casi siempre se marcha; la otra chica es mala, se lleva a papá». El padre quiere cumplir igualmente su función, pero reconoce: «Falta una tercera persona»; es el menor de cinco chicos. Desde la edad de 12 años, vivió solo con su madre, pues su padre bebía. Fue su hermano mayor quien desempeñó para él un rol de padre. Le cuesta que Humberto lo obedezca, pero cuando tuvo que ocuparse él solo del niño durante una operación de la madre, cesó la enuresis. Si le cuesta oponerse a Humberto es porque se siente culpable y seguramente vive a través de su divorcio una separación difícil con su propia madre. Por ello, este padre pide ayuda como un adolescente y necesita nuestro apoyo, sobre todo porque Humberto tiene el don de hacerle sentir culpable con toda su perversidad infantil.

Este apoyo que reclama el padre de Humberto, algunos padres sólo pueden hallarlo gracias a un tratamiento psicoanalítico. En efecto, sólo el psicoanálisis, a través de la reelaboración del pasado, a través del apoyo que el individuo encuentra en el psicoanalista, le permite a la persona recuperar una autoridad que creía no tener o haber perdido. Y es que, al fin y al cabo, *decir no es decir, sin más.* Muchos padres que hacen terapia llegan un día a la sesión declarando: «¡Ya está! Por fin he podido oponerme a... mi jefe, mi esposa, mis hijos...». La lista no es exhaustiva. Lo viven como una conquista, y lo es, en efecto. Cabe preguntarse qué les impedía hasta ese momento decir lo que pensaban. Y es que decir no es en realidad decir simplemente lo que se piensa, aquello con lo que se está o no se está de acuerdo. Y el paciente se sorprende de que no sea tan difícil. Si lo era en el pasado se debía a todos los riesgos infantiles que entrañaba la afirmación frente a unos padres demasiado severos. Ahora bien, a diferencia de lo que tal vez cabría imaginar, resulta aún más duro afirmarse ante unos padres que te preguntan sin cesar: «¿Qué te apetece?». Por eso los padres deben saber *decir* no. No oponerse de forma sistemática, sino, muy al contrario, dialogar con tranquilidad para poder ponerle límites al niño y a veces incluso sin darle el motivo. Decir no corresponde en definitiva a demostrarle al niño que la palabra de uno tiene valor. En este sentido, decir no es demostrarle al niño que, cuando los padres dicen sí, significa sí de verdad.

Conclusión

Si la familia sigue siendo la entidad básica de nuestra sociedad, esta le recuerda de buena gana sus deberes pero a menudo le discute sus derechos. Quienes le confiscan sus derechos suelen ser los mismos que le recuerdan sus deberes. Este libro ha intentado demostrar que, en materia educativa, unos y otros van de la mano. La educación necesita ante todo autoridad, a menudo prohibiciones y a veces sanción. Las palabras preceden a los actos. Pero la autoridad de la familia en general y la del padre en particular están siendo derrotadas literalmente de múltiples formas por la vida moderna, que penetra en el interior de los hogares. Sin duda influye la televisión, pero detrás de esta pobre excusa toda una filosofía contribuye a este menoscabo de la autoridad. El feminismo mal entendido en algunos casos, la fascinación del no dirigismo por parte de unos profesores enfrentados al fracaso escolar, la ideología del pleno desarrollo del individuo procedente de una visión estrecha del psicoanálisis y, por último, el terror al trauma llegado del otro lado del Atlántico consiguen paralizar a algunos padres. Por eso he querido recordar algunos hechos evidentes. El castigo no tiene por qué ser un acto sádico; también es la sanción por transgredir una prohibición, sanción que devuelve su valor a las palabras de los padres. La ansiedad del niño no es una enfermedad genética, sino el resultado indirecto de una falta de prohibiciones. Por último, ciertos trastornos podrían evitarse si no se dejase de lado al padre de forma sistemática. En efecto, no es su ausencia, como a menudo se finge creer, ni aún menos su decadencia cuando, por ejemplo, se ve afectado por el paro, sino su descalificación lo que le impide desempeñar el rol que se pretende esperar de él. Sin embargo, por él pasa para el niño otra dimensión distinta de la satisfacción de las necesidades, asumida por la madre. Y por eso desempeña un rol tan importante en la transmisión de valores, que es el objeto de la educación.

Agradecimientos

Este libro nació de un encuentro. Encuentro entre la atención a los padres, a los niños y a los adolescentes por parte del psicólogo clínico, y la atención, por parte de Mahaut-Mathilde Nobécourt, a las transformaciones sociales en las que estamos inmersos, lo que las hace aún más difíciles de percibir. La primera no habría podido expresarse sin la segunda, que ha desempeñado una función reveladora.

Agradezco también la colaboración de Clara Kunde, así como la de Jacques Sédat, que me ha hecho el favor de leer mi manuscrito y darme buenos consejos.

Impreso en España por
HUROPE, S. L.
Lima, 3 bis
08030 Barcelona